Contraste insuffisant

NF Z 43-120-14

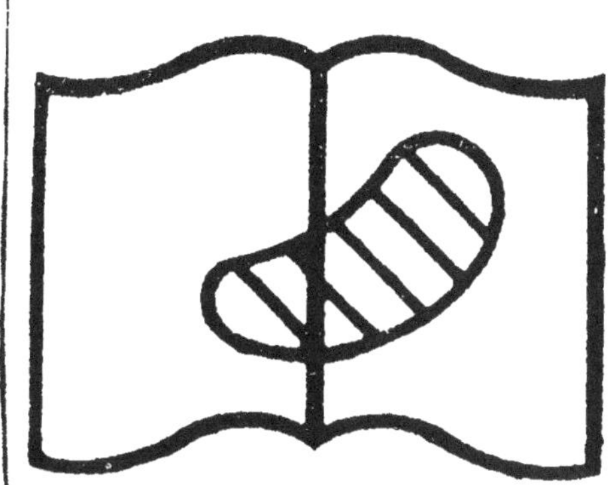

Illisibilité partielle

Couverture inférieure manquante

LES
SÉJOURS DE CHARLES V

(1364-1380)

PAR

M. E. PETIT

(Extrait du Bulletin du Comité, section d'histoire et de philologie, année 1887.)

PARIS
ERNEST LEROUX, ÉDITEUR
28, RUE BONAPARTE, 28

1888

LES SÉJOURS DE CHARLES V

ANGERS, IMP. BURDIN ET Cie, RUE GARNIER, 4.

LES

SÉJOURS DE CHARLES V

(1364-1380)

PAR

M. E. PETIT

(Extrait du Bulletin du Comité, section d'histoire et de philologie, année 1887.)

PARIS
ERNEST LEROUX, ÉDITEUR
28, RUE BONAPARTE, 28
1888

LES SÉJOURS DE CHARLES V

(Communication de M. Ernest Petit.)

Les *Séjours de Charles V* que l'on donne ici ne sont qu'un fragment d'un travail plus important sur les *Séjours royaux*, commençant à l'avènement de Philippe de Valois, en 1328, et s'arrêtant à la mort de Charles VIII, le 7 avril 1498. Ils comprennent les XIVe et XVe siècles. Antérieurement, il n'est pas possible d'établir ces *Séjours* d'une manière aussi continue, et les lacunes qu'ils renferment les rendent sans grande utilité pour les travailleurs qui les consultent.

Pour la période qui précède, XIIe et XIIIe siècles, le t. XXI du *Recueil des Historiens de France* contient des listes de *Mansiones et Itinera*, auxquelles on peut beaucoup ajouter, mais qui rendent encore de grands services aux chercheurs. Ce titre de *Mansiones et Itinera* n'est, d'ailleurs, pas tout à fait exact. Ce sont des dates de diplômes fournissant souvent, mais pas toujours, le séjour du roi, car on n'a pas l'absolue certitude que le roi réside là où le diplôme est donné, et là où nous possédons des moyens de contrôle suffisants, nous avons pu constater trop de méprises pour ne pas signaler le danger aux érudits.

Le plus souvent, ces éléments de contrôle font absolument défaut, et les seuls documents qui pourraient les fournir ont depuis longtemps disparu des Archives nationales. Ce sont les comptes des maîtres d'hôtel et ceux des *contreroleurs* ou contrôleurs de la Chambre aux deniers, qui inscrivaient d'abord sur des bandes volantes de parchemin la dépense de chaque jour, et avaient soin de mettre en tête le lieu du dîner, du souper et du gîte. C'était ce que le comptable de service appelait les *escroës*, puis on transcrivait sur un registre, avec le gros de la dépense, l'entête de chacune de ces listes. Il est à supposer que ces comptes de la cour royale n'étaient pas moins complets qu'à la cour des ducs de Bourgogne, et que les Archives ont dû être depuis longtemps dépouillées de ces liasses considérables de parchemins, alors regardées comme trop encombrantes.

On ne peut trouver maintenant les dates de séjour que dans les diplômes; mais les originaux manquant fréquemment, il faut avoir recours à des *Vidimus* qui n'ont pas toujours les mentions finales, comme on les trouve exactement dans les Registres du Trésor des Chartes où se rencontrent les indications suivantes : — *par le roi*, — *par le roi en son conseil*, — *par le roi en ses requetes*, — *par le roi à la relation du conseil*, — *es requestes de l'ostel* ou *in requestis hospitii*, — *par le conseil étant à....* — *par les gens des comptes*, *ès requestes tenues par vous du commandement du roi*, etc.

De toutes ces mentions, il n'y a que les premières qui donnent quelque certitude pour le séjour du roi, et encore avons-nous trouvé un certain nombre d'exceptions et des hésitations dans plusieurs cas. Parfois le conseil du roi se déplace et nous le trouvons dans des localités où il est certain que le roi n'a pas séjourné.

Ainsi, et sans sortir du règne de Charles V, nous voyons le conseil, en septembre 1368, établi à Cambray, à Péronne, à Douay, à Noyon, à Tournay, à Lille, sans pouvoir affirmer si le roi y était en personne; le contraire paraît probable, sinon certain. En novembre et décembre 1375, le conseil se rend à Saint-Omer pendant que le roi est assurément resté à Paris.

En mai 1377 on le retrouve à Amiens, à Boulogne où le roi n'est pas allé, etc. On pourrait multiplier ces citations.

Les séjours du roi ne sont donc pas aussi faciles à établir qu'on semble le croire; on n'y arrive qu'avec des tâtonnements et avec un renfort de documents qui se corrigent les uns les autres et qui, quelquefois aussi, il faut l'avouer, amènent de nouvelles hésitations.

Ce premier fascicule ne comprend que le règne de Charles V, depuis son avènement en avril 1364, jusqu'à sa mort en septembre 1380.

Les comptes de la cour des ducs de Bourgogne nous fournissent, pour les séjours de Charles VI, des suites encore plus prolongées et plus complètes. Nous avons même des années entières où ces documents suffisent pour les fixer sans le secours d'aucune charte émanée de la chancellerie royale.

Toutefois, pour Charles V, les dates sont assez rapprochées pour qu'on soit rarement plus de trois ou quatre jours sans connaître exactement les mouvements du roi. Une seule fois, et par exception, on est quinze jours, du 4 au 19 octobre 1366, sans suivre Charles V dans son déplacement de Paris à Rouen où il réside jusqu'au 4 novembre suivant.

Le cadre ainsi préparé pourra être facilement rempli, comme

un album toujours ouvert, sur lequel chaque travailleur comblera quelque lacune.

L'utilité de ce travail sera de permettre le rapprochement, sinon la reconstitution de certaines dates pour des diplômes insuffisamment datés. Ainsi, une charte donnée à Mantes, en février 1366, ne peut être que du mercredi 21, le seul jour où le roi ait pu y séjourner. Une charte donnée à Moret, en août 1366, est forcément du 30 ou du 31, les deux seuls jours où la présence du roi y est certaine et les deux seuls qu'il ait pu y passer. Les actes donnés à Chartres en octobre 1378, ne peuvent être que du 1er ou du 2. Les pièces en grand nombre données à Rouen, en novembre 1366, ne peuvent être que des quatre premiers jours du mois, puisque le 5 Charles V a quitté Rouen pour se rendre au Pont-de-l'Arche et à Château-Gaillard, et ainsi de suite.

NOS SOURCES POUR LES SÉJOURS DE CHARLES V

Pour les XIVe et XVe siècles, et notamment pour les règnes de Charles V et de ses successeurs, nous avions des éléments de contrôle d'une rectitude absolue ; ce sont les comptes de l'hôtel des ducs de Bourgogne conservés aux archives de la Côte-d'Or, au moyen desquels on a établi les itinéraires de nos ducs ; documents encore inédits, qui donnent des séries de séjours, contrairement aux actes royaux qui ne fournissent que des dates isolées. Ces comptes ont servi de base à ce travail, qui n'eût pas été entrepris sans cela.

Le Catalogue des actes de Charles V conservés à la Bibliothèque nationale, par M. L. Delisle, est encore l'un des éléments qu'il faut citer en première ligne.

Les titres originaux des Archives nationales.

Les vingt-deux registres du Trésor des Chartes relatifs au règne de ce prince [1].

Les registres du Parlement [2]. Les registres du Châtelet [3].

A la Bibliothèque nationale, trois volumes de Gaignières, fonds franç., nos 20345, 20346 et 20347.

Le no 20345, surtout, contient un grand nombre de dates de diplômes dont il faut user avec ménagement, car pour un grand nombre d'entre elles nous avons reconnu qu'il n'y avait pas con-

[1] Arch. nat., *Trésor des chartes*, t. XCV à CXVIII.
[2] Arch. nat., 2294, 2295, 2296.
[3] Principalement le *Registre* nommé jadis *Livre rouge* Y[3].

cordance avec le séjour, ces documents ayant été pris sans examen ni critique partout où ils se trouvaient. Il faut faire les mêmes réserves pour les *Ordonnances du roi de France* et surtout pour le *Recueil* de Ménard (*Pièces fugitives*) [1].

Le Trésor des Chartes est la mine la plus abondante, car pour le règne de Charles V seulement, les vingt-deux registres contiennent environ neuf mille pièces, qui n'ont que l'inconvénient de ne porter qu'assez rarement la date du jour, celle de l'année et du mois étant toujours indiquée. Nous avons dû négliger ces dernières mentions qui ne pouvaient combler les lacunes de notre journal quotidien.

Nous pensions d'abord citer entièrement les sources, avec le folio des volumes ou manuscrits, mais un séjour étant fourni parfois par dix, vingt, trente diplômes d'origines différentes, il a fallu reculer devant ces multiples citations qui auraient considérablement chargé le texte sans le rendre aussi accessible au chercheur. Nous nous contenterons d'indiquer chaque dépôt, et nous désignons chacun d'eux par une lettre.

(I) Signifie : Itinéraires des ducs de Bourgogne, d'après les archives de la Chambre des comptes de Dijon, documents en cours de publication, et qui seront livrés au public dans deux ou trois mois.

(D) Catalogue des actes de Charles V, de M. Delisle.

(A) Titres originaux aux Archives nationales.

(T) Trésor des Chartes aux Archives nationales.

(P) Registres du Parlement.

(C) Registres du Châtelet.

(O) Ordonnances des rois de France.

(G) Fonds Gaignières de la Bibliothèque nationale (volume précité, nº 20345).

Il est inutile de dire que nous avons ramené toutes les dates au nouveau style, et que l'année part du premier jour de janvier, non du dimanche de Pâques.

[1] *Pièces fugitives pour servir à l'histoire de France*, Paris, 3 vol. in-4º.

1364 — PAQUES, 24 mars.

AVRIL	
1 Lundi	
2 Mardi	
3 Mercredi	
4 Jeudi	
5 Vendredi	
6 Samedi	
7 Dimanche	
8 Lundi	Nuit du 8 au 9, mort du roi Jean à Londres.
9 Mardi	
10 Mercredi	*Paris* (D).
11 Jeudi	
12 Vendredi	
13 Samedi	
14 Dimanche	*Paris* (G).
15 Lundi	
16 Mardi	
17 Mercredi	*Château du Goulet* (O) (T).
18 Jeudi	
19 Vendredi	*Pontoise* (D).
20 Samedi	*Pontoise* (T) (G) (D).
21 Dimanche	*St-Denys* (G) [1].
22 Lundi	
23 Mardi	*Paris* (D).
24 Mercredi	*Paris* (D).
25 Jeudi	*Paris* (D).
26 Vendredi	*Paris* (D).
27 Samedi	*Paris* (D).
28 Dimanche	*Paris* (D).
29 Lundi	*Vincennes* (G).
30 Mardi	

MAI	
1 Mercredi	*Paris* (T) (C) (D).
2 Jeudi	
3 Vendredi	*Paris* (G) (D).
4 Samedi	*Paris* (D) [2].
5 Dimanche	
6 Lundi	*Paris* (G) (D).
7 Mardi	
8 Mercredi	*Paris* (D) [3].
9 Jeudi	*Saint-Denys* (D).
10 Vendredi	
11 Samedi	
12 Dimanche	
13 Lundi	
14 Mardi	
15 Mercredi	
16 Jeudi	*Senlis* (D) [4].
17 Vendredi	
18 Samedi	*Reims* (I).
19 Dimanche	*Reims* (I) Sacre du roi.
20 Lundi	Diner à *Reims* (I) [5].
21 Mardi	*Condé* (I) [6].
22 Mercredi	*Soissons* (T) (I).
23 Jeudi	*Soissons* (I) [7].
24 Vendredi	Diner à *Jaulzy* (I) [8].
25 Samedi	Diner *Villeneuve-sur-Verberie* (I) [9].
26 Dimanche	*La Chapelle-en-Serval* (I) [10].
27 Lundi	*Paris* (I) [11].
28 Mardi	*Paris* (I).
29 Mercredi	*Paris* (I).
30 Jeudi	*Paris* (T) (I).
31 Vendredi	*Paris* (T) (I).

JUIN			
1 Samedi	*Paris*. Louvre (D).	15 Samedi	*Rouen* (G) (D).
2 Dimanche	*Paris*. — Louvre-les-Paris (P).	16 Dimanche	*Rouen* (D).
3 Lundi		17 Lundi	
4 Mardi	*Paris* (G) (D).	18 Mardi	
5 Mercredi	*Vernon* (D).	19 Mercredi	
6 Jeudi	*Vernon* (T) (D).	20 Jeudi	*Paris* (I).
7 Vendredi	*Vernon* (T) (D).	21 Vendredi	*Paris* (T) (G) (I).
8 Samedi	*Château-Gaillard* (T) (D).	22 Samedi	*Paris* (G).
9 Dimanche		23 Dimanche	*Paris*.
10 Lundi	*Pont de l'Arche* (T).	24 Lundi	*Paris* (T).
11 Mardi		25 Mardi	*Paris* (I) (D).
12 Mercredi		26 Mercredi	*Paris* (I) (D) [12].
13 Jeudi	*Rouen* (T).	27 Jeudi	*Compiégne* (D).
14 Vendredi	*Rouen* (T) (C).	28 Vendredi	*Compiègne* (T) (P).
		29 Samedi	
		30 Dimanche	Senlis (T).

1. Pontoise (G). — 2. Louvre-les-Paris (D). — 3. Saint-Denys (G). — 4. Saint-Mars de Soissons (T). — 5. Gîte à Epernay (I). — 6. Neufchâtel-sur-Aisne (T). — 7. Saint-Mars-les-Soissons (T). — 8. Gîte à Compiègne (I). — 9. Gîte à la Chapelle-en-Serval (I). — 10. Gîte à Paris (I). — 11. St-Denis (T) (P) (I) (D). — 12. Senlis (T).

1364 — PAQUES, 24 mars.

JUILLET	
1 Lundi	*Louvres* Paris (T) (G) (D).
2 Mardi	
3 Mercredi	
4 Jeudi	*Paric* (T).
5 Vendredi	*Paris* (A.O) (G).
6 Samedi	*Paris* (D).
7 Dimanche	
8 Lundi	*Paris* (G)(D).
9 Mardi	
10 Mercredi	*Paris* Louvre (G).
11 Jeudi	*Paris* (D).
12 Vendredi	*Paris* (C) (D).
13 Samedi	*Paris* (D).
14 Dimanche	*Paris* (D).
15 Lundi	*Paris* (D)
16 Mardi	*Paris* (T) (G).
17 Mercredi	*Paris* (D).
18 Jeudi	
19 Vendredi	*Paris* (T)(C)(G).
20 Samedi	*Paris* (G) (D).
21 Dimanche	*Paris* (T).
22 Lundi	
23 Mardi	*Paris* (G) (D).
24 Mercredi	*Paris* (T) (G) (D).
25 Jeudi	*Paris* (G) (D).
26 Vendredi	*Paris* (T) (D).
27 Samedi	*Paris* (D).
28 Dimanche	*Paris* (T) (D).
29 Lundi	*Paris* (G) (D).
30 Mardi	*Melun.*
31 Mercredi	*Melun.*

AOUT	
1 Jeudi	
2 Vendredi	
3 Samedi	*Melun* (T) (D).
4 Dimanche	
5 Lundi	
6 Mardi	*Melun* (O).
7 Mercredi	*Melun* (D).
8 Jeudi	*Andrizel* (G).
9 Vendredi	*Lagny* (I)[1].
10 Samedi	*Crèvecœur - en - Brie* (G) (D).
11 Dimanche	*Crèvecœur - en - Brie* (G) (I).
12 Lundi	*Crèvecœur-en-Brie*(I).
13 Mardi	*Crèvecœur-en-Brie* (I).
14 Mercredi	*Crécy* (I).
15 Jeudi	*Crécy* (I).
16 Vendredi	*Crécy* (G) (I) (D).
17 Samedi	*Crécy* (G) (I).
18 Dimanche	*Crécy* (I).
19 Lundi	*Crécy* (D).
20 Mardi	
21 Mercredi	
22 Jeudi	
23 Vendredi	
24 Samedi	*Crécy-en-Brie* (D).
25 Dimanche	*Crécy-en-Brie* (T).
26 Lundi	*Bois de Vincennes* (D)
27 Mardi	*Vincennes* (G).
28 Mercredi	
29 Jeudi	*Paris*, hôtel St-Pol (T)
30 Vendredi	*Bois de Vincennes* (G) (D).
31 Samedi	

SEPTEMBRE	
1 Dimanche	*Paris*, hôt. St-Paul (D)
2 Lundi	
3 Mardi	
4 Mercredi	
5 Jeudi	
6 Vendredi	*Paris*, Hôtel St-Paul (T) (D).
7 Samedi	*Paris* (G).
8 Dimanche	*Paris* (T)[2].
9 Lundi	
10 Mardi	*Paris*, Hôtel St-Pol (G) (D).
11 Mercredi	*Paris* (D).
12 Jeudi	*Paris* (D).
13 Vendredi	*Paris* (T).
14 Samedi	
15 Dimanche	
16 Lundi	*Paris* (T).
17 Mardi	*Paris* (T) (D).
18 Mercredi	
19 Jeudi	*Paris* (T) (G) (D).
20 Vendredi	
21 Samedi	*Paris* (G) (D).
22 Dimanche	*Paris* (G).
23 Lundi	*Paris* (G) (D.)
24 Mardi	*Paris*[3].
25 Mercredi	
26 Jeudi	*Paris* (T).
27 Vendredi	*Paris*[4].
28 Samedi	*Paris* (G).
29 Dimanche	
30 Lundi	

1. Crevecœur (T) (D). — 2. Saint-Pol (G) (D). — 3. Hôtel Saint-Pol (B) (D). — 4. Hôtel Saint-Pol (T).

1364 — PAQUES, 24 mars.

OCTOBRE

1 Mardi.	*Paris* (G).
2 Mercredi	*Paris* (T).
3 Jeudi	*Paris* (T).
4 Vendredi	*Paris* (D).
5 Samedi	*Paris* (D).
6 Dimanche	
7 Lundi	*Paris* (I) (D) Hôtel St-Pol (G).
8 Mardi	*Paris* (I).
9 Mercredi	*Paris* (I).
10 Jeudi	*Paris* (G) (I).
11 Vendredi	*Paris* (G) (I) (D).
12 Samedi	*Paris* (G) (I).
13 Dimanche	*Paris* (G) (I) (D).
14 Lundi	*Paris* (G) (I).
15 Mardi	*Paris* (G) (I) (D).
16 Mercredi	*Paris*, hôtel St-Pol (G) (I) (D).
17 Jeudi	*Paris* (I).
18 Vendredi	*Paris* (G) (I).
19 Samedi	*Paris* (T) (C) (G) (I) (D).
20 Dimanche	*Paris* (I) (D).
21 Lundi	*Paris* (I).
22 Mardi	*Paris* (I).
23 Mercredi	*Paris* (G) (I) (D).
24 Jeudi	*Paris*[1].
25 Vendredi	*Paris*[2].
26 Samedi	*Paris*[3].
27 Dimanche	*Paris* (I) (D).
28 Lundi	*Paris* (I) (D).
29 Mardi	*Paris* (I).
30 Mercredi	*Paris* (T) (I) (D).
31 Jeudi	*Paris* (I).

NOVEMBRE

1 Vendredi	*Paris* (I) (D).
2 Samedi	*Paris* (I).
3 Dimanche	*Paris* (G) (I) (D).
4 Lundi	
5 Mardi	
6 Mercredi	
7 Jeudi	*Paris* (G) (D).
8 Vendredi	*Paris* (T) (D).
9 Samedi	
10 Dimanche	*Paris* (D).
11 Lundi	*Paris* (G).
12 Mardi	
13 Mercredi	*Paris* (O).
14 Jeudi	*Paris* (D).
15 Vendredi	
16 Samedi	
17 Dimanche	
18 Lundi	
19 Mardi	
20 Mercredi	*Paris* (P) (D).
21 Jeudi	*Paris* (G) (D).
22 Vendredi	*Paris* (G) (D).
23 Samedi	*Paris* Saint-Pol (G) (D).
24 Dimanche	*Paris* (G) (D).
25 Lundi	
26 Mardi	*Paris* (G).
27 Mercredi	
28 Jeudi	
29 Vendredi	*Melun* (G).
30 Samedi	

DÉCEMBRE

1 Dimanche	
2 Lundi	*Melun* (G).
3 Mardi	*Melun* (Meleun) (G) (D).
4 Mercredi	*Blandi-en-Brie* (D).
5 Jeudi	
6 Vendredi	*Blandi-en-Brie* (G) (D)[4]
7 Samedi	
8 Dimanche	*Paris* (D).
9 Lundi	*Paris*[5].
10 Mardi	*Paris* (G).
11 Mercredi	*Paris* (T) (G) (D).
12 Jeudi	*Paris* (G) (D).
13 Vendredi	*Paris* (D).
14 Samedi	*Paris* (T) (D).
15 Dimanche	*Paris* (G).
16 Lundi	*Paris*[6].
17 Mardi	*Paris* (D).
18 Mercredi	*Paris* (G) (D).
19 Jeudi	*Paris* (G).
20 Vendredi	*Paris* (D).
21 Samedi	*Paris* (G) (D).
22 Dimanche	*Paris*[7].
23 Lundi	
24 Mardi	
25 Mercredi	
26 Jeudi	*Paris*[8].
27 Vendredi	*Paris*, St-Pol (G) (D).
28 Samedi	
29 Dimanche	
30 Lundi	
31 Mardi	*Paris* (D).

1. Hôtel Saint-Pol (I) (D). — 2. Hôtel Saint-Pol (G) (I) (D). — 3. Hôtel Saint-Pol (G) (I) (D) — 4. Melun (T) (D). — 5. Hôtel Saint-Pol (G) (D). — 6. Hôtel Saint-Pol (G) (D). — 7. Hôtel Saint-Pol (D). — 8. Hôtel Saint-Pol (D).

1365 — PAQUES, 13 avril.

JANVIER		FÉVRIER	
1 Mercredi		1 Samedi	*Paris* (G) (D).
2 Jeudi		2 Dimanche	
3 Vendredi		3 Lundi	*Paris* (D).
4 Samedi		4 Mardi	*Paris* (G) (D).
5 Dimanche	*Paris* (D).	5 Mercredi	
6 Lundi		6 Jeudi	
7 Mardi		7 Vendredi	*Paris* (D).
8 Mercredi	*Paris* (T) (G) (D).	8 Samedi	*Paris* (D).
9 Jeudi	*Paris* (D).	9 Dimanche	
10 Vendredi	*Paris* (T) (G) (D).	10 Lundi	*Paris* (I) (D).
11 Samedi		11 Mardi	*Paris* Hôtel St-Pol (I) (D).
12 Dimanche		12 Mercredi	*Paris* (I) (D).
13 Lundi		13 Jeudi	*Paris* (G) (I) (D).
14 Mardi	*Paris* (G) Louvre (D)	14 Vendredi	*Paris* (G) (I) (D).
15 Mercredi		15 Samedi	*Paris* (G) (I).
16 Jeudi		16 Dimanche	*Paris* (G) (I) (D).
17 Vendredi	Paris (G).	17 Lundi	*Paris* (G) (I).
18 Samedi	*Louvre-lès-Paris* (G) (D).	18 Mardi	*Paris* (I).
19 Dimanche		19 Mercredi	
20 Lundi		20 Jeudi	*Paris* (T).
21 Mardi		21 Vendredi	
22 Mercredi		22 Samedi	*Paris* (T).
23 Jeudi	*Paris* (G) (D).	23 Dimanche	
24 Vendredi	*Paris* Hôtel St-Pol (C) (D) (G).	24 Lundi	*Paris* (G).
25 Samedi	*Paris* (D).	25 Mardi	
26 Dimanche	*Paris*[1].	26 Mercredi	
27 Lundi		27 Jeudi	
28 Mardi		28 Vendredi	*Paris* (G) (D).
29 Mercredi	*Paris* (G).		
30 Jeudi	*Paris* (D).		
31 Vendredi	*Paris* (G).		

MARS			
1 Samedi	*Paris* (T) (D).	16 Dimanche	
2 Dimanche		17 Lundi	
3 Lundi		18 Mardi	*Paris*[2].
4 Mardi	*Paris* (D).	19 Mercredi	*Paris*[3].
5 Mercredi		20 Jeudi	*Paris* (D).
6 Jeudi	*Paris* (D).	21 Vendredi	
7 Vendredi	*Paris* (T) (G).	22 Samedi	
8 Samedi	*Paris* (A. o) (D).	23 Dimanche	
9 Dimanche	*Paris* (G) (D).	24 Lundi	*Paris* (D).
10 Lundi	*Paris* (G).	25 Mardi	*Paris* (G) (P).
11 Mardi		26 Mercredi	
12 Mercredi	*Paris* (G) (D).	27 Jeudi	*Paris* (G).
13 Jeudi	*Paris* (G) (D).	28 Vendredi	
14 Vendredi	*Paris*, Hôtel St-Pol (G) (D).	29 Samedi	
15 Samedi	*Paris* (C).	30 Dimanche	*Paris* (G).
		31 Lundi	*Paris* (G).

1. Hôtel Saint-Pol (G) (D). — 2. Hôtel Saint-Pol (G) (D). — 3. Hôtel Saint-Pol (G) (D).

1865 — PAQUES, 13 avril.

AVRIL

1 Mardi	
2 Mercredi	*Paris* (G) (D).
3 Jeudi	
4 Vendredi	*Paris* (G) (D).
5 Samedi	*Paris* (D).
6 Dimanche	
7 Lundi	*Paris* (G).
8 Mardi	
9 Mercredi	*Paris* (T).
10 Jeudi	*Paris* (D).
11 Vendredi	
12 Samedi	
13 Dimanche	Pâques.
14 Lundi	*Paris* (G).
15 Mardi	
16 Mercredi	
17 Jeudi	*Paris* (G) (D).
18 Vendredi	*Paris* (G).
19 Samedi	
20 Dimanche	*Paris*, hôtel St-Pol (G) (D).
21 Lundi	*Paris* (G).
22 Mardi	
23 Mercredi	*Paris* (G).
24 Jeudi	
25 Vendredi	*Paris* (G).
26 Samedi	
27 Dimanche	*Paris* (G).
28 Lundi	*Paris* (T).
29 Mardi	
30 Mercredi	*Paris* (G) (D).

MAI

1 Jeudi	
2 Vendredi	*Paris* (G).
3 Samedi	*Paris* (G) (D).
4 Dimanche	
5 Lundi	
6 Mardi	
7 Mercredi	*Paris* (G) (D).
8 Jeudi	*Paris* (G) (D).
9 Vendredi	*Paris* (T) St-Pol (P) (G).
10 Samedi	*Paris* (G).
11 Dimanche	*Paris* (P).
12 Lundi	
13 Mardi	*Paris* (D).
14 Mercredi	
15 Jeudi	*Paris* (G).
16 Vendredi	*Paris* (G) (D).
17 Samedi	
18 Dimanche	
19 Lundi	*Paris* (G) (D).
20 Mardi	
21 Mercredi	
22 Jeudi	
23 Vendredi	
24 Samedi	
25 Dimanche	
26 Lundi	
27 Mardi	*Pa is* (T).
28 Mercredi	
29 Jeudi	
30 Vendredi	*Paris* (G) (D).
31 Samedi	

JUIN

1 Dimanche	*Paris* (G).
2 Lundi	
3 Mardi	
4 Mercredi	
5 Jeudi	
6 Vendredi	*Paris* (G).
7 Samedi	
8 Dimanche	
9 Lundi	
10 Mardi	
11 Mercredi	
12 Jeudi	*Paris*, hôtel St-Pol (T).
13 Vendredi	*Paris* (T).
14 Samedi	*Paris* (O).
15 Dimanche	*Paris*, hôtel St-Pol (T).
16 Lundi	
17 Mardi	*Paris* (G) (D).
18 Mercredi	
19 Jeudi	
20 Vendredi	*Paris* (T) (A. O.) (D).
21 Samedi	
22 Dimanche	
23 Lundi	*Paris* (G) (D).
24 Mardi	
25 Mercredi	
26 Jeudi	
27 Vendredi	*Paris* (G) (D).
28 Samedi	
29 Dimanche	*Paris* (D).
30 Lundi	*Paris* (T).

1365 — PAQUES, 13 avril.

JUILLET		AOUT	
1 Mardi	*Paris* (T).	1 Vendredi	*Senlis* (I) (D).
2 Mercredi	*Vincennes* (O) (D).	2 Samedi	*Senlis* (T) (I).
3 Jeudi		3 Dimanche	*Senlis* (I).
4 Vendredi	*Bois de Vincennes* (D)(T) *Senlis* (T)(O)	4 Lundi	*Senlis* (I).
5 Samedi	*Vincennes.*	5 Mardi	*Senlis* (I).
6 Dimanche	*Paris* (G).	6 Mercredi	*Senlis* (I).
7 Lundi	*Vincennes* (G) (D).	7 Jeudi	*Senlis* (T) (I).
8 Mardi		8 Vendredi	*Senlis* (T) (I).
9 Mercredi		9 Samedi	*Senlis* (I).
10 Jeudi		10 Dimanche	*Senlis* (I).
11 Vendredi	*Vincennes* (D) *Senlis* (T).	11 Lundi	*Senlis* (I).
12 Samedi		12 Mardi	*Senlis* (I).
13 Dimanche		13 Mercredi	
14 Lundi		14 Jeudi	
15 Mardi	*Senlis* (G).	15 Vendredi	
16 Mercredi	*Senlis* (I).	16 Samedi	*Paris* (T) *Vincennes* (T).
17 Jeudi	*Senlis* (T) (I).	17 Dimanche	
18 Vendredi	*Senlis* (I).	18 Lundi	*Paris* (D).
19 Samedi	*Senlis* (I).	19 Mardi	
20 Dimanche	*Senlis* (I).	20 Mercredi	
21 Lundi	*Senlis* (I).	21 Jeudi	
22 Mardi	*Senlis* (T) (I).	22 Vendredi	*Paris* (D).
23 Mercredi	*Senlis* (G) (I) (D).	23 Samedi	
24 Jeudi	*Senlis* (I).	24 Dimanche	*Paris* (D).
25 Vendredi	*Senlis* (I).	25 Lundi	*Paris* (G).
26 Samedi	*Senlis* (T) (I).	26 Mardi	
27 Dimanche	*Senlis* (I) (D).	27 Mercredi	*Paris* (T) (O).
28 Lundi	*Senlis* (G) (I) (D).	28 Jeudi	
29 Mardi	*Senlis* (I).	29 Vendredi	*Paris* (T) (G) (D).
30 Mercredi	*Senlis* (I).	30 Samedi	*Paris* (D).
31 Jeudi	*Senlis* (I).	31 Dimanche	*Paris* hôtel St-Pol (T).

SEPTEMBRE			
1 Lundi	*Paris* (I).	17 Mercredi	*Melun.*
2 Mardi	*Paris* (G) (I) (D).	18 Jeudi	*Melun.*
3 Mercredi	*Paris* (I).	19 Vendredi	*Vau la Contesse.*
4 Jeudi	*Paris* (I).	20 Samedi	
5 Vendredi	*Paris* (I).	21 Dimanche	*Vau la Contesse* (T).
6 Samedi	*Paris* (I).	22 Lundi	*Vau la Contesse.*
7 Dimanche	*Paris* (I).	23 Mardi	*Vincennes* (I).
8 Lundi	*Paris* (I).	24 Mercredi	*Vincennes* (I).
9 Mardi		25 Jeudi	*Paris* (I).
10 Mercredi		26 Vendredi	*Paris* (T) (I).
11 Jeudi	*Vau la Contesse.*	27 Samedi	*Paris* (I).
12 Vendredi	*Vau la Contesse.*	28 Dimanche	*Paris* (I).
13 Samedi	*Vau la Contesse.*	29 Lundi	*Paris* (I).
14 Dimanche	*Vau la Contesse.*	30 Mardi	*Paris* (I).
15 Lundi	*Vau la Contesse* (D).		
16 Mardi	*Melun.*		

1365 — PAQUES, 13 avril.

OCTOBRE		
1	Mercredi	*Paris* (T) (I).
2	Jeudi	*Paris* (I).
3	Vendredi	*Paris* (G) (I) (D).
4	Samedi	*Paris* (I).
5	Dimanche	*Paris* (I).
6	Lundi	*Paris* (I).
7	Mardi	*Paris* (I).
8	Mercredi	*Paris* (I).
9	Jeudi	*Saint-Denis* (I) *Paris* (I).
10	Vendredi	*Paris* (I) (D).
11	Samedi	*Paris* (I).
12	Dimanche	*Paris* (I).
13	Lundi	*Paris* (I).
14	Mardi	*Paris* (I).
15	Mercredi	*Paris* (I) (D).
16	Jeudi	*Paris* (I) (D).
17	Vendredi	*Paris* (I) (I).
18	Samedi	*Paris* (I) (D).
19	Dimanche	*Paris* (I).
20	Lundi	*Paris* (I).
21	Mardi	*Paris* (I).
22	Mercredi	*Paris* (I).
23	Jeudi	*Paris* (I).
24	Vendredi	*Vincennes* (I).
25	Samedi	*Vincennes* (I).
26	Dimanche	*Vincennes* (G) (I).
27	Lundi	*Vincennes* (I).
28	Mardi	*Vincennes* (I).
29	Mercredi	*Vincennes* (I).
30	Jeudi	*Vincennes* (I).
31	Vendredi	*Paris* Saint-Pol (T) (I) (D).

NOVEMBRE		
1	Samedi	*Paris* (I).
2	Dimanche	*Paris* (T) (I).
3	Lundi	*Paris* (I) *Bondy* (I).
4	Mardi	*Paris* (I).
5	Mercredi	*Paris* (G) (I).
6	Jeudi	*Paris* (G) (I) (D).
7	Vendredi	*Paris* (T) (G) (I).
8	Samedi	*Paris* (I).
9	Dimanche	*Paris* (I).
10	Lundi	*Paris* (I).
11	Mardi	*Bondy-Paris* (I).
12	Mercredi	*Paris* (G) (I) (D).
13	Jeudi	*Paris* (I) (D) *Vincennes* (G).
14	Vendredi	*Paris* (I).
15	Samedi	
16	Dimanche	***Hôpital de Clichy*** (I) **avec tous ses veneurs.**
17	Lundi	*Clichy* (I).
18	Mardi	*Clichy* (I) *Vincennes* (I)
19	Mercredi	*Vincennes* (I).
20	Jeudi	*Paris* (T).
21	Vendredi	*Vincennes* (I).
22	Samedi	*Paris* (I) [1].
23	Dimanche	*Paris* (I).
24	Lundi	*Paris* (I) (D).
25	Mardi	*Paris* (I).
26	Mercredi	*Paris* (I).
27	Jeudi	*Paris* (I).
28	Vendredi	*Paris* (T) (I).
29	Samedi	*Paris* (T) (I).
30	Dimanche	*Paris* [2].

DÉCEMBRE		
1	Lundi	*Paris* (I).
2	Mardi	*Vincennes* (I).
3	Mercredi	*Paris* (I).
4	Jeudi	*Paris* (I) (D).
5	Vendredi	*Paris* (D).
6	Samedi	*Paris* (I).
7	Dimanche	*Paris* (I).
8	Lundi	*Paris* (I).
9	Mardi	*Paris* (I).
10	Mercredi	*Paris* (G) (I).
11	Jeudi	*Paris* (I).
12	Vendredi	*Paris*, hôtel St-Pol (T) (I).
13	Samedi	*Paris* (I).
14	Dimanche	*Paris* (I).
15	Lundi	*Paris* (I).
16	Mardi	*Paris* (I).
17	Mercredi	*Paris* (I).
18	Jeudi	
19	Vendredi	
20	Samedi	
21	Dimanche	
22	Lundi	
23	Mardi	*Paris* (D).
24	Mercredi	
25	Jeudi	
26	Vendredi	*Paris* (T).
27	Samedi	
28	Dimanche	
29	Lundi	*Paris* (T).
30	Mardi	
31	Mercredi	

1. Vincennes (T). — 2. Hôtel Saint-Pol (I) (D).

1866 — PAQUES, 5 avril.

JANVIER

1 Jeudi	
2 Vendredi	*Paris* (G) (D).
3 Samedi	
4 Dimanche	
5 Lundi	*Paris* (D).
6 Mardi	
7 Mercredi	*Paris* (T).
8 Jeudi	*Paris* (T).
9 Vendredi	*Paris* (D) Vincennes (G).
10 Samedi	
11 Dimanche	
12 Lundi	
13 Mardi	
14 Mercredi	*Paris* (D).
15 Jeudi	
16 Vendredi	
17 Samedi	*Paris* (T) (G) (D).
18 Dimanche	
19 Lundi	*Paris* (D).
20 Mardi	*Paris* (D).
21 Mercredi	
22 Jeudi	
23 Vendredi	*Paris* (G).
24 Samedi	*Paris* hôtel St-Pol (T)
25 Dimanche	
26 Lundi	
27 Mardi	
28 Mercredi	
29 Jeudi	*Paris* (T).
30 Vendredi	
31 Samedi	

FÉVRIER

1 Dimanche	
2 Lundi	
3 Mardi	
4 Mercredi	*Paris* (T).
5 Jeudi	
6 Vendredi	*Paris* (D).
7 Samedi	
8 Dimanche	
9 Lundi	*Paris* (T).
10 Mardi	
11 Mercredi	
12 Jeudi	
13 Vendredi	
14 Samedi	*Paris* (G) (D).
15 Dimanche	
16 Lundi	
17 Mardi	*Paris* (T) (I).
18 Mercredi	*Paris* (I).
19 Jeudi	*Paris* (O) (I).
20 Vendredi	*Paris* (I).
21 Samedi	*Paris* (I).
22 Dimanche	*Paris* (I).
23 Lundi	*Paris* (I).
24 Mardi	*Paris* (I).
25 Mercredi	*Paris* (G) (I) (D).
26 Jeudi	*Paris* (I).
27 Vendredi	*Paris* (I).
28 Samedi	*Paris* (I).

MARS[1]

1 Dimanche	*Paris* (I).
2 Lundi	*Paris* (G) (I) (D).
3 Mardi	*Paris* (I).
4 Mercredi	*Paris* (I).
5 Jeudi	*Paris* Hôtel St-Pol (G) (I) (D).
6 Vendredi	*Paris* (I).
7 Samedi	*Paris* (T) (I).
8 Dimanche	*Paris* (I).
9 Lundi	*Paris* (I).
10 Mardi	*Paris* (I) *Vincennes* (I)
11 Mercredi	*Vincennes* (I).
12 Jeudi	*Vincennes* (I).
13 Vendredi	*St-Ouen* (I).
14 Samedi	*St-Ouen* (I).
15 Dimanche	*St-Ouen* (I).
16 Lundi	*St-Ouen* (I) (D) *Saint-Denys* (I).
17 Mardi	*St-Denys* (I).
18 Mercredi	*St-Denys* (I).
19 Jeudi	*Chasse sous Montmorency* (I).
20 Vendredi	*Chasse sous Montmorency* (I).
21 Samedi	*Montmorency* (I).
22 Dimanche	
23 Lundi	
24 Mardi	
25 Mercredi	
26 Jeudi	
27 Vendredi	*Paris* (D).
28 Samedi	
29 Dimanche	*Paris* (G) (D).
30 Lundi	*Paris*, hôtel St-Pol (D)
31 Mardi	*Paris* (D).

1. A la chasse — Montmorency (T).

1366 — PAQUES, 5 avril.

AVRIL [1]	
1 Mercredi	
2 Jeudi	*Paris*, hôtel St-Pol (D)
3 Vendredi	*Paris* (T).
4 Samedi	
5 Dimanche	Pâques.
6 Lundi	*Maubuisson* (G).
7 Mardi	
8 Mercredi	
9 Jeudi	*Saint-Denys* (T).
10 Vendredi.	
11 Samedi	
12 Dimanche	
13 Lundi	
14 Mardi	*Paris* (D).
15 Mercredi	*Paris*, hôtel St-Pol (D).
16 Jeudi	
17 Vendredi	*Paris* (T).
18 Samedi	
19 Dimanche	
20 Lundi	*Saint-Denys* (D) *Mereville* (D).
21 Mardi	
22 Mercredi	
23 Jeudi	*Paris* (G) (D).
24 Vendredi	
25 Samedi	
26 Dimanche	*Au bois de Vincennes* (D).
27 Lundi	
28 Mardi	
29 Mercredi	
30 Jeudi .	*Paris* (O).

MAI	
1 Vendredi	*Paris* (T).
2 Samedi	
3 Dimanche	
4 Lundi	*Paris* (D).
5 Mardi	
6 Mercredi	*Paris* (G) (D).
7 Jeudi	*Paris* (G).
8 Vendredi	
9 Samedi	
10 Dimanche	
11 Lundi	
12 Mardi	*Paris* (G).
13 Mercredi	*Paris* (G).
14 Jeudi	
15 Vendredi	*Paris* (G) (D).
16 Samedi	*Paris* (G) (D).
17 Dimanche	
18 Lundi	
19 Mardi	
20 Mercredi	*Paris* (G).
21 Jeudi	*Paris* (D).
22 Vendredi	
23 Samedi	*Senlis* (G).
24 Dimanche	*Senlis* (A O) (D).
25 Lundi	
26 Mardi	
27 Mercredi	
28 Jeudi	*Senlis* (T).
29 Vendredi	
30 Samedi	
31 Dimanche	

JUIN [2]	
1 Lundi	
2 Mardi	
3 Mercredi	
4 Jeudi	*Senlis* (D).
5 Vendredi	
6 Samedi	*Abbaye de Chaalis* (G)
7 Dimanche	*Vincennes* (T).
8 Lundi	
9 Mardi	
10 Mercredi	*Paris* (D).
11 Jeudi	
12 Vendredi	*Paris*, hôtel St-Pol (T)
13 Samedi	
14 Dimanche	
15 Lundi	*Senlis* (D).
16 Mardi	*Paris* (A O).
17 Mercredi	
18 Jeudi	
19 Vendredi	
20 Samedi	
21 Dimanche	
22 Lundi	
23 Mardi	*Abbaie de Chaaliz* (D) *Senlis* (O).
24 Mercredi	*Abb. de Chaaliz* (G) (D)
25 Jeudi	
26 Vendredi	*Chaalis l'abbaye* (G) (D).
27 Samedi	
28 Dimanche	*Paris* (O).
29 Lundi	
30 Mardi	

1. Avril 1366. Hospice de Clichy (T). — 2. St-Germain (T) en juin.

1866 — PAQUES, 5 avril.

JUILLET		AOUT[1]	
1 Mercredi		1 Samedi	
2 Jeudi	*Paris* (T).	2 Dimanche	
3 Vendredi		3 Lundi	
4 Samedi		4 Mardi	
5 Dimanche		5 Mercredi	
6 Lundi	*Paris* (G).	6 Jeudi	*St-Germain-en-Laye* (D).
7 Mardi	*Paris* (G) (D).	7 Vendredi	
8 Mercredi	*Paris* St-Pol (G) (D).	8 Samedi	*St-Germain-en-Laye* (D).
9 Jeudi	*Paris* (T) (D).	9 Dimanche	
10 Vendredi	*Paris* (D).	10 Lundi	
11 Samedi		11 Mardi	
12 Dimanche		12 Mercredi	
13 Lundi		13 Jeudi	
14 Mardi		14 Vendredi	
15 Mercredi	*Paris*, Hôtel St-Pol (G)(D).	15 Samedi	
16 Jeudi		16 Dimanche	
17 Vendredi	*Paris* (G).	17 Lundi	*Paris*, Hôt. St-Pol (D)
18 Samedi		18 Mardi	*Paris* (O).
19 Dimanche		19 Mercredi	
20 Lundi		20 Jeudi	*Paris* (I) (D).
21 Mardi		21 Vendredi	*Paris* (I) (D).
22 Mercredi		22 Samedi	*Vincennes* (I).
23 Jeudi		23 Dimanche	*Brie-comte-Robert*(I)
24 Vendredi	*Paris* (G) (D).	24 Lundi	*Melun* (I).
25 Samedi		25 Mardi	*Melun* (I).
26 Dimanche	*Paris* (D).	26 Mercredi	*Melun* (I).
27 Lundi		27 Jeudi	*Melun* (I).
28 Mardi		28 Vendredi	*Melun* (I).
29 Mercredi		29 Samedi	*Melun* (O) (T) (I).
30 Jeudi		30 Dimanche	*Melun* (I) *Moret* (I).
31 Vendredi		31 Lundi	*Moret* (I).

SEPTEMBRE[2]			
1 Mardi	*Moret*, *Mez-le-Maréchal* (I).	16 Mercredi	
2 Mercredi	*Mez-le-Maréchal* (I).	17 Jeudi	*Paris* (G).
3 Jeudi	*Mez-le-Maréchal* (I).	18 Vendredi	*Paris* (T).
4 Vendredi		19 Samedi	
5 Samedi		20 Dimanche	
6 Dimanche		21 Lundi	*Paris* (G).
7 Lundi		22 Mardi	*Paris* (G).
8 Mardi		23 Mercredi	
9 Mercredi		24 Jeudi	
10 Jeudi	*Melun-Nemours*.	25 Vendredi	
11 Vendredi		26 Samedi	
12 Samedi		27 Dimanche	*Paris* (G).
13 Dimanche	*Paris* (T).	28 Lundi	*Paris*, Hôt. St-Pol (D)
14 Lundi	*Paris* (T).	29 Mardi	*Paris* (G).
15 Mardi		30 Mercredi	

1. Mantes, en août. — 2. Melun (I). — 3. Sens, jour; Nemours (T) en septembre

1366 — PAQUES, 5 avril.

OCTOBRE[1]	
1 Jeudi	
2 Vendredi	*Paris* (T).
3 Samedi	
4 Dimanche	*Paris* (T).
5 Lundi	
6 Mardi	
7 Mercredi	
8 Jeudi	
9 Vendredi	
10 Samedi	
11 Dimanche	
12 Lundi	
13 Mardi	
14 Mercredi	
15 Jeudi	
16 Vendredi	
17 Samedi	
18 Dimanche	
19 Lundi	*Rouen* (G).
20 Mardi	*Rouen* (A.O.) (G).
21 Mercredi	
22 Jeudi	*Rouen* (G)(D).
23 Vendredi	*Rouen* (T)(D).
24 Samedi	
25 Dimanche	
26 Lundi	*Rouen* (D) *Deville-les-Rouen* (G).
27 Mardi	
28 Mercredi	
29 Jeudi	
30 Vendredi	*Deville* [*les-Rouen*] (G) (D).
31 Samedi	*Rouen*[2].

NOVEMBRE	
1 Dimanche	*Rouen* (G).
2 Lundi	*Rouen* (T)(G) (D).
3 Mardi	*Rouen* à nostre chastel (D).
4 Mercredi	*Rouen* (G) (D).
5 Jeudi	*Pont-de-l'Arche* (T)[3]
6 Vendredi	
7 Samedi	
8 Dimanche	
9 Lundi	*Saint-Germain-en-Laye* (D).
10 Mardi	
11 Mercredi	
12 Jeudi	
13 Vendredi	*Au bois de Vincennes* (D).
14 Samedi	
15 Dimanche	*Paris* (T).
16 Lundi	*Paris* (C)(G) (D).
17 Mardi	
18 Mercredi	
19 Jeudi	*Paris* (T).
20 Vendredi	*Paris* (D).
21 Samedi	
22 Dimanche	
23 Lundi	
24 Mardi	
25 Mercredi	*Paris* (T).
26 Jeudi	
27 Vendredi	
28 Samedi	*Paris* (T).
29 Dimanche	*Paris* (T).
30 Lundi	

DÉCEMBRE	
1 Mardi	*Paris* (T) (O)(C).
2 Mercredi	
3 Jeudi	
4 Vendredi	*Paris*, hôtel St-Pol (T)
5 Samedi	
6 Dimanche	
7 Lundi	*Paris* (O).
8 Mardi	
9 Mercredi	*Paris* (D).
10 Jeudi	*Paris* (T).
11 Vendredi	
12 Samedi	
13 Dimanche	*Paris* (T).
14 Lundi	
15 Mardi	
16 Mercredi	*Paris* (T).
17 Jeudi	
18 Vendredi	
19 Samedi	*Paris* (G).
20 Dimanche	*Paris* (I).
21 Lundi	*Paris* (I).
22 Mardi	*Paris* (I).
23 Mercredi	*Paris*, Hôtel St-Pol (G) (I) (D).
24 Jeudi	*Paris* (I).
25 Vendredi	*Paris* (I).
26 Samedi	*Paris* (I).
27 Dimanche	*Paris* (I).
28 Lundi	*Paris* (I).
29 Mardi	*Paris* (T)(G)(I)(D).
30 Mercredi	*Paris* (T) (I).
31 Jeudi	*Paris* (I).

1. S. d. de jour; Etrepigny (T). — 2. En nostre chastel (G) (D). — 3. Château-Gaillard (G).

1367 — PAQUES, 18 avril.

JANVIER		FÉVRIER	
1 Vendredi	*Paris* (I).	1 Lundi	*Paris* (T) (I).
2 Samedi	*Paris* (G) St-Pol (1).	2 Mardi	*Paris* (I).
3 Dimanche	*Paris* (G).	3 Mercredi	*Paris* (I).
4 Lundi	*Paris* (I).	4 Jeudi	*Paris* au Louvre (T) (I) (D).
5 Mardi	*Paris* (I).	5 Vendredi	*Paris* au Louvre (G) (I) (D).
6 Mercredi	*Paris* (I) (D).	6 Samedi	*Paris* (I).
7 Jeudi	*Paris* (O) (I).	7 Dimanche	*Paris* (T) (I).
8 Vendredi	*Paris*, hôtel St-Pol (I) (D).	8 Lundi	*Paris* (I).
9 Samedi	*Paris* (I).	9 Mardi	*Paris* (I).
10 Dimanche	*Paris* (I).	10 Mercredi	*Paris* (I).
11 Lundi	*Paris* (I).	11 Jeudi	*Paris* (I).
12 Mardi	*Paris*, au Louvre (T) (I) (D).	12 Vendredi	*Paris* (T) (I).
13 Mercredi	*Paris* (I).	13 Samedi	*Paris*, hôtel St-Pol (I) (D).
14 Jeudi	*Paris* (I).	14 Dimanche	*Paris* (I).
15 Vendredi	*Paris*[1].	15 Lundi	*Paris* (I).
16 Samedi	*Paris*[2].	16 Mardi	*Paris* (G) (I) (D).
17 Dimanche	*Paris* (I).	17 Mercredi	*Paris* (I).
18 Lundi	*Paris* (I).	18 Jeudi	*Paris* (I).
19 Mardi	*Paris* (I).	19 Vendredi	*Paris* (T) St-Pol (I).
20 Mercredi	*Paris* (I).	20 Samedi	*Paris* (I).
21 Jeudi	*Paris* (I).	21 Dimanche	*Paris* (I) (D).
22 Vendredi	*Paris* (I).	22 Lundi	*Paris* (G) (I).
23 Samedi	*Paris* (I).	23 Mardi	*Paris* (I).
24 Dimanche	*Paris* (I).	24 Mercredi	*Paris* (I) *Vincennes* (T).
25 Lundi	*Paris* (I).	25 Jeudi	*Paris* (I).
26 Mardi	*Paris* (I) (D).	26 Vendredi	*Paris* (I).
27 Mercredi	*Paris* (I) (D).	27 Samedi	*Paris* (I).
28 Jeudi	*Paris* (I).	28 Dimanche	*Paris* (I).
29 Vendredi	*Paris* (I).		
30 Samedi	*Paris* (I).		
31 Dimanche	*Paris* (I).		

MARS			
1 Lundi	*Paris* (I).	16 Mardi	
2 Mardi	*Paris* (I).	17 Mercredi	
3 Mercredi	*Paris* (I).	18 Jeudi	*Paris*, Louvre (P)(D)
4 Jeudi	*Paris* (I).	19 Vendredi	
5 Vendredi	*Paris* (I).	20 Samedi	
6 Samedi	*Paris* (I) hôtel St-Pol (T).	21 Dimanche	*Paris* (I).
7 Dimanche	*Paris* (I)(D).	22 Lundi	*Paris* (I) (D).
8 Lundi	*Paris* (I).	23 Mardi	*Paris* (I).
9 Mardi	*Paris* (T) (I).	24 Mercredi	*Paris* (I).
10 Mercredi	*Paris* (I).	25 Jeudi	*Paris* (I).
11 Jeudi		26 Vendredi	*Paris*[3].
12 Vendredi	*Paris* (O).	27 Samedi	*Paris* (I).
13 Samedi	*Paris* (T) (O) (D).	28 Dimanche	*Paris* (I).
14 Dimanche		29 Lundi	*Paris* (G) (I) (D).
15 Lundi		30 Mardi	*Paris* (I) (D).
		31 Mercredi	*Maubuisson* (G).

1. Louvre (T) (P) (I). — 2. Au Louvre (I) (D). — 3. Au Louvre (T) (I) (D).

1367 — PAQUES, 18 avril.

AVRIL		MAI	
1 Jeudi	*St-Germain-en-Laye* (I).	1 Samedi	*Vincennes* (I).
2 Vendredi	*St-Germain* (I).	2 Dimanche	*Vincennes* (I).
3 Samedi	*St-Germain* (I).	3 Lundi	*Vincennes* (I).
4 Dimanche	*St-Germain* (I).	4 Mardi	*Vincennes* (I).
5 Lundi	*St-Germain-en-Laye* (I) (D).	5 Mercredi	*Vincennes* (I).
6 Mardi	*St-Germain* (T) (I).	6 Jeudi	*Paris* (I).
7 Mercredi	*Maubuisson* (I).	7 Vendredi	*Vincennes* (I).
8 Jeudi	*St-Denis* (I) *Paris* (I).	8 Samedi	*Vincennes* (I).
9 Vendredi	*Paris* (I).	9 Dimanche	*Vincennes* (I).
10 Samedi	*Paris* (I).	10 Lundi	
11 Dimanche	*Paris* (I).	11 Mardi	
12 Lundi	*Paris* (I) (D).	12 Mercredi	*Vincennes* (T) (I).
13 Mardi	*Paris* (I) (D).	13 Jeudi	*Vincennes* (O) (I).
14 Mercredi	*Paris*, au Louvre (I) (D).	14 Vendredi	*Vincennes* (I).
15 Jeudi	*Paris* (I).	15 Samedi	*Vincennes* (I).
16 Vendredi	*Paris* (I).	16 Dimanche	*Vincennes* (I).
17 Samedi	*Paris* (I).	17 Lundi	*Bois de Vincennes* (I) (D).
18 Dimanche	Pâques-*Paris* (I).	18 Mardi	*Bois de Vincennes* (G) (I) (D).
19 Lundi.	*Paris* (I).	19 Mercredi	*Vincennes* (I).
20 Mardi	*Paris* (I).	20 Jeudi	*Bois de Vincennes* (I) (D) Paris (T).
21 Mercredi	*Paris* (I).	21 Vendredi	*Bois de Vincennes* (I).
22 Jeudi	*Paris* (I).	22 Samedi	*Vincennes* (I).
23 Vendredi	*Paris* (I).	23 Dimanche	
24 Samedi	*Paris* (I).	24 Lundi	*Senlis* (T).
25 Dimanche	*Paris*; Louvre (A O) (I).	25 Mardi	*Senlis* (I).
		26 Mercredi	*Senlis* (I).
26 Lundi	*Paris* (I).	27 Jeudi	*Senlis* (I).
27 Mardi	*Paris* (I).	28 Vendredi	*Senlis* (I).
28 Mercredi	*Vincennes* (I).	29 Samedi	*Senlis* (I).
29 Jeudi	*Vincennes* (I).	30 Dimanche	*Compiègne* (I).
30 Vendredi	*Vincennes* (I) [1].	31 Lundi	*Compiegne* (I).

JUIN			
1 Mardi	*Compiègne* (I).	16 Mercredi	*St-Germain* (I).
2 Mercredi	*Senlis* (I).	17 Jeudi	*St-Germain* (I).
3 Jeudi	*Senlis* (I).	18 Vendredi	*Paris* (I).
4 Vendredi	*Senlis* (I).	19 Samedi	*Paris* (I).
5 Samedi	*Senlis* (I).	20 Dimanche	*Paris* (I).
6 Dimanche	*Senlis* (I) (D).	21 Lundi	*Paris* (I).
7 Lundi	*Senlis* (I) [2].	22 Mardi	*Paris* (I).
8 Mardi	*Chalis* (I).	23 Mercredi	*Paris* (I).
9 Mercredi	*Chalis* (I).	24 Jeudi	*Paris* (I).
10 Jeudi	*Chalis* (I).	25 Vendredi	*Paris* (I).
11 Vendredi	*Senlis* (I).	26 Samedi	*Paris* (I) (D) [4].
12 Samedi	*Senlis* (I).	27 Dimanche	*Paris* (T) (I).
13 Dimanche	*Senlis* (I).	28 Lundi	*Paris* (O) (I).
14 Lundi	*Senlis* (I).	29 Mardi	*Paris* (I).
15 Mardi	*Senlis* (I) [3].	30 Mercredi	*Paris* (I).

1. Paris, Saint-Pol (G). — 2. Moncel (I) Chalis (I). — 3. Réaulmont (I). — 4. Hôtel Saint-Pol (G).

1867 — PAQUES, 18 avril.

JUILLET		AOUT	
1 Jeudi	*Paris* (I) (D).	1 Dimanche	*Melun* (T).
2 Vendredi	*Vincennes* (I)(G)(D)[1].	2 Lundi	*Melun* (I).
3 Samedi	*St-Arnoult-en-Iveline* (I)[2].	3 Mardi	*Melun* (I).
4 Dimanche	*Chartres* (I).	4 Mercredi	*Melun* (I).
5 Lundi	*Chartres* (I).	5 Jeudi	*Melun* (I).
6 Mardi	*Chartres* (I).	6 Vendredi	*Melun* (I).
7 Mercredi	*Chartres* (I)[3].	7 Samedi	*Melun* (I).
8 Jeudi	*Etampes* (I).	8 Dimanche	*Melun* (I).
9 Vendredi	*La Ferté-Alez* (I).	9 Lundi	
10 Samedi	*Melun* (I).	10 Mardi	
11 Dimanche	*Melun* (I).	11 Mercredi	
12 Lundi	*Melun* (I).	12 Jeudi	
13 Mardi	*Melun* (I).	13 Vendredi	*Paris* (I).
14 Mercredi	*Melun* (I).	14 Samedi	*Paris* (I).
15 Jeudi	*Melun* (I) (D).	15 Dimanche	*Paris* (I).
16 Vendredi	*Melun* (I)[4].	16 Lundi	*Paris* (I).
17 Samedi	*Noolon* (I) *Sens* (I).	17 Mardi	*Paris* (O) (C) (I).
18 Dimanche	*Sens* (I).	18 Mercredi	*Paris* (I).
19 Lundi	*Sens* (O) (I).	19 Jeudi	*Paris* (I).
20 Mardi	*Sens* (O) (I).	20 Vendredi	*Paris* (I) (D).
21 Mercredi	*Sens* (I) *Pont-s-Yonne* (I) *Montreau* (I).	21 Samedi	*Paris* (I).
		22 Dimanche	*Paris* (I) (T) (O).
		23 Lundi	*Paris* (T) (G) (I).
22 Jeudi	*Barbeau* (I) *Melun* (T).	24 Mardi	*Paris* (I).
23 Vendredi	*Melun* (I).	25 Mercredi	*Paris* (I) *Bondy* (I).
24 Samedi	*Melun* (I).	26 Jeudi	*Paris* (I).
25 Dimanche	*Melun* (I).	27 Vendredi	*Paris* (I).
26 Lundi	*Melun* (I).	28 Samedi	*Paris* (I).
27 Mardi	*Melun* (I).	29 Dimanche	
28 Mercredi	*Melun* (I).	30 Lundi	*Paris* (T).
29 Jeudi	*Melun* (I).	31 Mardi	
30 Vendredi	*Melun* (I).		
31 Samedi	*Melun* (I).		

SEPTEMBRE			
1 Mercredi		16 Jeudi	*Paris* (T).
2 Jeudi		17 Vendredi	
3 Vendredi	*Paris* (T).	18 Samedi	
4 Samedi		19 Dimanche	
5 Dimanche		20 Lundi	*Paris*, St-Pol (T).
6 Lundi	*Paris* (T) (O).	21 Mardi	*Paris* (D).
7 Mardi		22 Mercredi	*Paris* (G).
8 Mercredi	*Paris* (O).	23 Jeudi	*Paris* (T).
9 Jeudi	*St-Germain-en-Laye* (D).	24 Vendredi	*Paris* (G) (D).
		25 Samedi	
10 Vendredi		26 Dimanche	
11 Samedi		27 Lundi	
12 Dimanche		28 Mardi	
13 Lundi	*Paris* (T) (O).	29 Mercredi	*Paris* (A.O).
14 Mardi	*Paris* (A.O) (D).	30 Jeudi	*Paris* (D).
15 Mercredi			

1. Montlhéry (I). — 2. Galardon (I). — 3. Auneaux (I) Auneel (G). — 4. Moret (I) Montereau (I).

1367 — PAQUES, 18 avril.

OCTOBRE		NOVEMBRE	
1 Vendredi	*Paris* (T).	1 Lundi	
2 Samedi		2 Mardi	
3 Dimanche	*Paris* (T).	3 Mercredi	
4 Lundi		4 Jeudi	*Paris* (T).
5 Mardi	*Paris* (T).	5 Vendredi	*Paris* (T) (I) (D).
6 Mercredi	*Paris* (T).	6 Samedi	*Paris* (I).
7 Jeudi		7 Dimanche	*Paris* (I).
8 Vendredi		8 Lundi	*Paris* (I) (D).
9 Samedi		9 Mardi	*Paris* (I).
10 Dimanche		10 Mercredi	*Paris* (I).
11 Lundi		11 Jeudi	*Paris* (I).
12 Mardi		12 Vendredi	*Paris* (I).
13 Mercredi		13 Samedi	*Paris* (P) (I).
14 Jeudi	*Paris* (O).	14 Dimanche	*Paris* (I).
15 Vendredi		15 Lundi	*Paris* (I).
16 Samedi	*Paris*, Hôtel St-Pol (A.O).	16 Mardi	*Paris* (I).
		17 Mercredi	*Paris* (I).
17 Dimanche		18 Jeudi	*Paris* (I).
18 Lundi		19 Vendredi	*Paris* (I).
19 Mardi	*Paris*. Louvre (A.O).	20 Samedi	*Paris* (I).
20 Mercredi	*Paris* (O) St-Pol (T) (G).	21 Dimanche	*Paris* (I).
		22 Lundi	*Paris* (I).
21 Jeudi	*Paris* (D).	23 Mardi	*Paris* (I).
22 Vendredi	*Paris* (D).	24 Mercredi	*Paris* (I).
23 Samedi		25 Jeudi	*Paris* (I).
24 Dimanche		26 Vendredi	*Paris* (I).
25 Lundi		27 Samedi	*Paris* (I) *bois de Vincennes* (G) (D).
26 Mardi			
27 Mercredi	*Vincennes* (T).	28 Dimanche	*Paris* (I) *Vincennes* (T) (D).
28 Jeudi			
29 Vendredi	*Vincennes* (T).	29 Lundi	*Paris* (I).
30 Samedi		30 Mardi	*Paris* (I).
31 Dimanche			

DÉCEMBRE			
1 Mercredi	*Paris* (I).	17 Vendredi	*Paris* (I).
2 Jeudi	*Paris* (I).	18 Samedi	*Paris* (I).
3 Vendredi	*Paris* (I).	19 Dimanche	*Paris* (I).
4 Samedi	*Paris* (O) (C) (I).	20 Lundi	*Paris* (G) (I) (D).
5 Dimanche	*Paris*. Louvre (O) (I).	21 Mardi	*Paris* (I).
6 Lundi	*Paris*. St-Pol (T) (I).	22 Mercredi	*Paris* (T) (I).
7 Mardi	*Paris* (I).	23 Jeudi	*Paris* (I).
8 Mercredi	*Paris* (I).	24 Vendredi	*Paris* (I).
9 Jeudi	*Paris* Louvre (G) (I) (D)	25 Samedi	*Paris* (I).
10 Vendredi	*Paris* (I) (D).	26 Dimanche	*Paris* (I).
11 Samedi	*Paris* (I).	27 Lundi	*Paris* (I).
12 Dimanche	*Paris* (I).	28 Mardi	*Paris* (I).
13 Lundi	*Paris* (I).	29 Mercredi	*Paris* (I).
14 Mardi	*Paris* (I).	30 Jeudi	*Paris* (I).
15 Mercredi	*Paris* (I).	31 Vendredi	*Paris*. Louvre (G) (I).
16 Jeudi	*Paris* (I).		

1368 — PAQUES, 9 avril.

JANVIER

1	Samedi	*Paris* (I).
2	Dimanche	*Paris* (T) (I).
3	Lundi	*Paris* (I) (D).
4	Mardi	*Paris* (I).
5	Mercredi	*Paris* (I) (D).
6	Jeudi	*Paris* (I).
7	Vendredi	*Paris* (G) (I).
8	Samedi	*Paris* (O) (I).
9	Dimanche	*Paris* (I).
10	Lundi	*Paris* (I).
11	Mardi	*Paris* (I).
12	Mercredi	*Paris*, Louvre (G) (I).
13	Jeudi	
14	Vendredi	
15	Samedi	
16	Dimanche	
17	Lundi	*Paris* (T) (D.
18	Mardi	
19	Mercredi	
20	Jeudi	
21	Vendredi	
22	Samedi	*Paris* (D).
23	Dimanche	
24	Lundi	
25	Mardi	
26	Mercredi	
27	Jeudi	
28	Vendredi	*Paris* (T).
29	Samedi	
30	Dimanche	
31	Lundi	

FÉVRIER

1	Mardi	
2	Mercredi	
3	Jeudi	
4	Vendredi	*Paris*, chastel du Louvre (G) (D).
5	Samedi	
6	Dimanche	
7	Lundi	
8	Mardi	*Paris* (O) (D).
9	Mercredi	
10	Jeudi	
11	Vendredi	
12	Samedi	*Paris* (C) (D).
13	Dimanche	*Paris*, Louvre (G) (D).
14	Lundi	
15	Mardi	
16	Mercredi	
17	Jeudi	
18	Vendredi	
19	Samedi	
20	Dimanche	
21	Lundi	*Paris*, Louvre (G).
22	Mardi	
23	Mercredi	
24	Jeudi	
25	Vendredi	
26	Samedi	*Paris* (A) (O).
27	Dimanche	
28	Lundi	*Paris*, hôtel St-Pol (T).
29	Mardi	

MARS

1	Mercredi	*Paris* (G).
2	Jeudi	
3	Vendredi	
4	Samedi	
5	Dimanche	*Paris* (T).
6	Lundi	
7	Mardi	*Paris* (T).
8	Mercredi	
9	Jeudi	
10	Vendredi	
11	Samedi	
12	Dimanche	
13	Lundi.	
14	Mardi.	*Paris* (O) (D).
15	Mercredi	*Paris* (O).
16	Jeudi	
17	Vendredi	*Paris* (G) (D).
18	Samedi	
19	Dimanche	
20	Lundi	
21	Mardi	
22	Mercredi	*Paris* (D).
23	Jeudi	
24	Vendredi	
25	Samedi	
26	Dimanche	
27	Lundi.	*Paris*, hôtel St-Pol (T) (O).
28	Mardi.	*Paris* (T).
29	Mercredi	*Paris* (T).
30	Jeudi	
31	Vendredi	

1868 — PAQUES, 9 avril.

AVRIL	
1 Samedi	
2 Dimanche	
3 Lundi	*Paris* (D).
4 Mardi	
5 Mercredi	*Paris* (T).
6 Jeudi	
7 Vendredi	
8 Samedi	
9 Dimanche	Pâques.
10 Lundi	
11 Mardi	
12 Mercredi	*Paris* (I).
13 Jeudi	*Paris* (I).
14 Vendredi	*Paris* (I).
15 Samedi	*Paris* (I) (D).
16 Dimanche	*Paris* (I).
17 Lundi	*Paris* (G) (I) (D).
18 Mardi	*Paris* (I).
19 Mercredi	*Paris* (G) (I) (D).
20 Jeudi	*Paris* (I).
21 Vendredi	*Paris* (I).
22 Samedi	*Paris* (I).
23 Dimanche	*Paris* (I).
24 Lundi	*Paris* (I).
25 Mardi	*Paris* (I) (D).
26 Mercredi	*Paris* (I).
27 Jeudi	*Paris* (I).
28 Vendredi	*Paris* (T) (O) (I).
29 Samedi	*Paris* (I).
30 Dimanche	*Paris* (I).

MAI	
1 Lundi	*Paris* (I) (D).
2 Mardi	*Paris* (I).
3 Mercredi	*Paris* (I).
4 Jeudi	*Paris*, hôtel St-Pol (I) (D).
5 Vendredi	*Paris* (I).
6 Samedi	*Paris* (I).
7 Dimanche	*Paris* (I).
8 Lundi	*Paris* (I).
9 Mardi	*Paris* (I).
10 Mercredi	*Paris* (I).
11 Jeudi	*Paris* (I).
12 Vendredi	*Paris* (I).
13 Samedi	*Paris* (T) (I).
14 Dimanche	*Paris* (I).
15 Lundi	
16 Mardi	
17 Mercredi	
18 Jeudi	*Vincennes* (I).
19 Vendredi	*Vincennes* (I).
20 Samedi	
21 Dimanche	
22 Lundi	*Paris* (G).
23 Mardi	*Paris* (T).
24 Mercredi	
25 Jeudi	
26 Vendredi	
27 Samedi	*Paris* (D).
28 Dimanche	
29 Lundi	*Paris* (G).
30 Mardi	
31 Mercredi	

JUIN			
1 Jeudi		16 Vendredi	
2 Vendredi	*Paris* (P).	17 Samedi	*Paris* (I).
3 Samedi		18 Dimanche	*Paris* (I).
4 Dimanche	*Paris* (T).	19 Lundi	*Paris* (I).
5 Lundi	*Paris* (T).	20 Mardi	*Paris* (I) (D).
6 Mardi		21 Mercredi	*Paris* (O) (I).
7 Mercredi		22 Jeudi	*Paris* (I).
8 Jeudi		23 Vendredi	*Paris* (G) (I) (D).
9 Vendredi	*aris* (D).	24 Samedi	*Paris* (I).
10 Samedi	*Paris* (T).	25 Dimanche	*Paris* (I).
11 Dimanche		26 Lundi	
12 Lundi		27 Mardi	*Paris* (T).
13 Mardi		28 Mercredi	
14 Mercredi	*Paris*, (A.O).	29 Jeudi	
15 Jeudi	*Paris*, (G) (D).	30 Vendredi	

1368 — PAQUES, 9 avril.

JUILLET

1	Samedi	*Paris* (D).
2	Dimanche	*Paris* (D).
3	Lundi	*Paris* (T).
4	Mardi	
5	Mercredi	
6	Jeudi	
7	Vendredi	*Paris* (T).
8	Samedi	*Paris* (G) (P).
9	Dimanche	
10	Lundi	
11	Mardi	*Paris* (A) (O).
12	Mercredi	
13	Jeudi	*Paris* (T).
14	Vendredi	
15	Samedi	
16	Dimanche	
17	Lundi	*Paris* (G).
18	Mardi	
19	Mercredi	*Paris* (D).
20	Jeudi	
21	Vendredi	*Paris* (T).
22	Samedi	
23	Dimanche	
24	Lundi	*Paris* (D).
25	Mardi	
26	Mercredi	
27	Jeudi	
28	Vendredi	*Paris* (G).
29	Samedi	*Paris* St-Pol (G).
30	Dimanche	
31	Lundi	

AOUT

1	Mardi	*Paris* (D).
2	Mercredi	
3	Jeudi	
4	Vendredi	*Vincennes* (T).
5	Samedi	*Paris* (D).
6	Dimanche	*Bois de Vincennes* (G) (D).
7	Lundi	
8	Mardi	*Vincennes* (T).
9	Mercredi	*Vincennes* (D) (T).
10	Jeudi	
11	Vendredi	
12	Samedi	*Paris* (T).
13	Dimanche	
14	Lundi	
15	Mardi	
16	Mercredi	*Paris* (G) (D).
17	Jeudi	
18	Vendredi	*Paris* (O).
19	Samedi	
20	Dimanche	
21	Lundi	
22	Mardi	*St-Germain-en-Laye*[1]
23	Mercredi	
24	Jeudi	
25	Vendredi	
26	Samedi	*Paris* (T) (I) (D).
27	Dimanche	*Paris* (T) (I).
28	Lundi	*Paris* (I).
29	Mardi	*Paris* (O) (I).
30	Mercredi	*Paris* (I).
31	Jeudi	*Paris*. Louvre (T) (I).

SEPTEMBRE[2]

1	Vendredi	*Paris* (I).
2	Samedi	*Paris* (I).
3	Dimanche	*Paris* (I) (D) *Vincennes* (G).
4	Lundi	*Paris* (G) (I).
5	Mardi	*Paris* (I) *Louvres* (I) *Nesle* (T).
6	Mercredi	*La Chapelle-en-Serval* (I) *Senlis* (I),
7	Jeudi	*Compiègne* (I).
8	Vendredi	*Compiègne* (I).
9	Samedi	
10	Dimanche	
11	Lundi	
12	Mardi	
13	Mercredi	
14	Jeudi	
15	Vendredi	
16	Samedi	*Paris* (T).
17	Dimanche	
18	Lundi	
19	Mardi	
20	Mercredi	
21	Jeudi	
22	Vendredi	
23	Samedi	*Compiègne* (I).
24	Dimanche	
25	Lundi	
26	Mardi	*Vincennes* (I).
27	Mercredi	*Vincennes* (I).
28	Jeudi	*Vincennes* (I).
29	Vendredi	*Vincennes* (I) *Paris* (T)
30	Samedi	*Paris* (D).

1. Saint-Germain-en-Laye (D). — 2. Il y a divers séjours qui doivent être du conseil du roi, sans date du jour : Cambray, Péronne, Douay, Noyon, Tournay, Lille, monastère de Vaucelles (T).

1368 — PAQUES, 9 avril

OCTOBRE	
1 Dimanche	
2 Lundi	*Paris* (D).
3 Mardi	*Paris* (A. O) (I).
4 Mercredi	Paris (I).
5 Jeudi	*Paris* (I).
6 Vendredi	*Paris* (I).
7 Samedi	
8 Dimanche	
9 Lundi	*St-Denis* (I) *Paris* (I).
10 Mardi	*Paris* (I).
11 Mercredi	*Paris* (I).
12 Jeudi	*Paris* (I).
13 Vendredi	*Paris*, hôtel St-Pol (C) (I) (D).
14 Samedi	*Paris* (I).
15 Dimanche	*Paris* (I).
16 Lundi	
17 Mardi	*Croissy* (I).
18 Mercredi	*Vivier-en-Brie* (I).
19 Jeudi	Au *Vivier* (I).
20 Vendredi	Au *Vivier* (I).
21 Samedi	Au *Vivier* (I).
22 Dimanche	Au *Vivier* (I).
23 Lundi	*Vivier* (I) *Melun* (I).
24 Mardi	*Melun* (I).
25 Mercredi	*Melun* (I).
26 Jeudi	*Melun* (I).
27 Vendredi	*Melun* (I).
28 Samedi	*Melun* (I).
29 Dimanche	*Brie-Comte-Robert* (I).
30 Lundi	*Vincennes* (I).
31 Mardi	*Paris* (I).

NOVEMBRE	
1 Mercredi	*Paris* (I).
2 Jeudi	*Paris* (I).
3 Vendredi	*Paris* (I).
4 Samedi	*Paris*, hôtel St-Pol (I) (D).
5 Dimanche	*Paris* (O) (I).
6 Lundi	*Paris* (I).
7 Mardi	*Paris* (T) (I).
8 Mercredi	*Paris* (I) (D).
9 Jeudi	*Paris* (I).
10 Vendredi	*Paris* (I) (I).
11 Samedi	*Paris* (I).
12 Dimanche	*Paris* (I).
13 Lundi	*Paris* (I).
14 Mardi	*Paris* (I).
15 Mercredi	*Paris* (I).
16 Jeudi	*Paris* (I).
17 Vendredi	*Paris* (I) (D).
18 Samedi	*Paris* (I).
19 Dimanche	*Paris* (T) au bois de Vincennes (I).
20 Lundi	*Paris* (I).
21 Mardi	*Paris* (I) bois de Vincennes (D).
22 Mercredi	*Paris* (I).
23 Jeudi	*Paris* (I).
24 Vendredi	*Paris* (I) [2].
25 Samedi	*Paris* (I).
26 Dimanche	*Paris* (I).
27 Lundi	*Paris* (I).
28 Mardi	*Paris* (I) [3].
29 Mercredi	*Paris* (I).
30 Jeudi	*Paris* (I) (D) [4].

DÉCEMBRE			
1 Vendredi	*Paris* (I).	17 Dimanche	
2 Samedi	*Paris* (I).	18 Lundi	
3 Dimanche	*Paris* (T) (P) (I).	19 Mardi	*Bois de Vincennes* (D).
4 Lundi	*Paris* (I).	20 Mercredi	
5 Mardi	*Paris* (I) (D).	21 Jeudi	P.
6 Mercredi	*Paris* (T) (G) (I) (D).	22 Vendredi	*Paris*, Louvre (D).
7 Jeudi	*Paris* (I).	23 Samedi	
8 Vendredi	*Paris* (I).	24 Dimanche	
9 Samedi		25 Lundi	
10 Dimanche		26 Mardi	*Paris* (D).
11 Lundi		27 Mercredi	*Paris* (T) (D).
12 Mardi		28 Jeudi	
13 Mercredi	*Paris* (T).	29 Vendredi	
14 Jeudi		30 Samedi	
14 Vendredi	*Paris*, Louvre (T) (I).	31 Dimanche	*Paris*, Louvre (T).
16 Samedi	*Paris* (I).		

1. Bois de Vincennes (D). — 2. Bois de Vincennes (D). — 3. Bois de Vincennes (I). — 4. Vincennes (C).

1369 — PAQUES, 1er avril.

JANVIER

1	Lundi	
2	Mardi	
3	Mercredi	*Paris* (D).
4	Jeudi	
5	Vendredi	
6	Samedi	*Paris* (G).
7	Dimanche	
8	Lundi	*Paris* (D).
9	Mardi	
10	Mercredi	*Paris* (D).
11	Jeudi	
12	Vendredi	*Paris* [1].
13	Samedi	
14	Dimanche	
15	Lundi	
16	Mardi	
17	Mercredi	
18	Jeudi	*Paris*, Louvre (D).
19	Vendredi	*Paris* [2].
20	Samedi	
21	Dimanche	
22	Lundi	*Paris* (G) (I).
23	Mardi	*Paris* (I).
24	Mercredi	*Paris* (I).
25	Jeudi	*Paris* (I).
26	Vendredi	*Paris* (I).
27	Samedi	*Paris* (I) (D).
28	Dimanche	*Paris* (T) (I) (D).
29	Lundi	*Paris* (I).
30	Mardi	*Paris* (I).
31	Mercredi	*Paris* (I).

FÉVRIER

1	Jeudi	*Paris* (I).
2	Vendredi	*Paris* (I).
3	Samedi	*Paris* [3].
4	Dimanche	*Paris* (I).
5	Lundi	*Paris* (I) (D).
6	Mardi	*Paris* (I).
7	Mercredi	*Paris* (G) (I).
8	Jeudi	*Paris* (I).
9	Vendredi	*St-Denys* (I) [4].
10	Samedi	*Paris* (I).
11	Dimanche	*Paris* (I).
12	Lundi	*Vincennes* (I).
13	Mardi	*Vincennes* (I).
14	Mercredi	*Vincennes* (I).
15	Jeudi	*Vincennes* (I).
16	Vendredi	*Vincennes* (T) (I).
17	Samedi	*Vincennes* (I).
18	Dimanche	*Vincennes* (I).
19	Lundi	*Vincennes* (I) (D).
20	Mardi	*St-Germain-en-Laye* (I).
21	Mercredi	*Mantes* (I) *Meulant* (I)
22	Jeudi	*Meulant* (I) [5].
23	Vendredi	*Saint Germain* (I).
24	Samedi	*St-Denys* (T) (I) *Paris* (I).
25	Dimanche	*Paris* (I) *Vincennes* (I)
26	Lundi	*Bois de Vincennes* (I)
27	Mardi	*Vincennes* (I) *Paris* (D).
28	Mercredi	*Vincennes* (T) (I).

MARS

1	Jeudi	*Vincennes* (I).
2	Vendredi	*Vincennes* (I) (D).
3	Samedi	*Vincennes* (I) *Paris* (I).
4	Dimanche	*Vincennes* (I) *Paris* (T) (I).
5	Lundi	*Paris* (I).
6	Mardi	*Paris* (I).
7	Mercredi	*Paris*, hôtel St-Pol (I) (D).
8	Jeudi	*Paris* (T) (I).
9	Vendredi	*Paris* (I).
10	Samedi	*Paris* (I) [6].
11	Dimanche	*Corbeil* (I) *Melun* (I).
12	Lundi	*Melun* (I).
13	Mardi	*Melun* (I).
14	Mercredi	*Melun* (I).
15	Jeudi	*Melun* (I).
16	Vendredi	*Melun* (T) (I).
17	Samedi	*Melun* (I).
18	Dimanche	*Melun* (I).
19	Lundi	*Melun* (T) (G) (I).
20	Mardi	*Melun* (I).
21	Mercredi	*Moissy-L'Evêque* (I) *Vivier-en-Brie* (I).
22	Jeudi	*Vivier-en-Brie* (I).
23	Vendredi	*Brie-Comte-Robert* (I) *Vincennes* (I).
24	Samedi	*Paris* (I).
25	Dimanche	*Paris* (I).
26	Lundi	*Paris* (G).
27	Mardi	*Paris* (I) (D).
28	Mercredi	*Paris* (I).
29	Jeudi	*Paris* (I).
30	Vendredi	*Paris* (T) (I).
31	Samedi	*Paris* ([illegible]).

1. Chastel du Louvre (D). — 2. Chastel du Louvre (D). — 3. Louvre (O) (G) (I) (D). — 4. Paris, Louvre (T) (I). — 5. Saint-Germain. (I) — 6. Villeneuve-Saint-Georges (I).

1369 — PAQUES, 1er avril.

AVRIL

1	Dimanche	Pâques. *Paris* (I)(D).
2	Lundi	*Paris* (I) (D).
3	Mardi	*Paris*, hôtel St-Pol (I) (D).
4	Mercredi	*Paris* (I) (D).
5	Jeudi	*Paris*, hôtel St-Pol (I) (D).
6	Vendredi	*Paris* (T)(I).
7	Samedi	*Paris* (G) (I).
8	Dimanche	*Paris* (I).
9	Lundi	*Paris* (I) (D).
10	Mardi	*Paris* (I) (D).
11	Mercredi	*Boulogne* (I) *Paris* (I).
12	Jeudi	*Paris* (T) (I) (D).
13	Vendredi	*Paris* (I).
14	Samedi	*Paris* (I) (D).
15	Dimanche	*Paris* (I).
16	Lundi	*Paris* (I).
17	Mardi	*Boulogne* (I) *Paris* (I).
18	Mercredi	*Paris* (I).
19	Jeudi	*Paris* (I).
20	Vendredi	*Paris* (I).
21	Samedi	*Paris*, Louvre (G)(I).
22	Dimanche	*Paris* (I) (D).
23	Lundi	*Paris* [1].
24	Mardi	*Paris* (I).
25	Mercredi	*Paris* (I) (D).
26	Jeudi	*Vincennes* (I).
27	Vendredi	*Saint-Denys* (I).
28	Samedi	Au *Val Notre-Dame* (I).
29	Dimanche	Au *Val Notre-Dame* (I).
30	Lundi	Au *Val Notre-Dame* (I) (D).

MAI

1	Mardi	Au *Val Notre-Dame* (I) (D).
2	Mercredi	Au *Val Notre-Dame* (I) *Paris* (D).
3	Jeudi	*Maubuisson* (I) [2].
4	Vendredi	*Saint-Germain* (I).
5	Samedi	*Saint-Germain* (I) [3].
6	Dimanche	*Saint-Germain* (I).
7	Lundi	*Saint-Denys* (T) (I)
8	Mardi	*Vincennes* (I).
9	Mercredi	*Vincennes* (I) [4].
10	Jeudi	*Vincennes* (I) [5].
11	Vendredi	*Vincennes* (I).
12	Samedi	*Vincennes* (I) [6].
13	Dimanche	*Vincennes* (I) [7].
14	Lundi	*Vincennes* (I) [8].
15	Mardi	*Vincennes* (I).
16	Mercredi	*Vincennes* (I).
17	Jeudi	*Vincennes* (I).
18	Vendredi	*Vincennes* (T).
19	Samedi	*Vincennes* (I) (D).
20	Dimanche	*Vincennes* (I).
21	Lundi	*Vincennes* (I).
22	Mardi	*Vincennes* (I).
23	Mercredi	*Vincennes* (O) (D) [9].
24	Jeudi	*Vincennes* (I) (D).
25	Vendredi	*Vincennes* (I) [10].
26	Samedi	*Vincennes* (I).
27	Dimanche	*Vincennes* (I).
28	Lundi	*Vincennes* (I) (D).
29	Mardi	*Vincennes* (I).
30	Mercredi	*Vincennes* (I).
31	Jeudi	*Vincennes* (I).

JUIN

1	Vendredi	*Paris* (I) (D).
2	Samedi	*Paris*, hôtel St-Pol (I)(D).
3	Dimanche	*Paris* (I).
4	Lundi	*Paris* (I).
5	Mardi	*Paris* (T) (I).
6	Mercredi	*Paris* (I) (D).
7	Jeudi	*Paris*, hôtel St-Pol (T) (G) (D).
8	Vendredi	*Paris* (O).
9	Samedi	
10	Dimanche	*Paris* (D).
11	Lundi	
12	Mardi	*Paris* (D).
13	Mercredi	
14	Jeudi	*Paris* (T).
15	Vendredi	
16	Samedi	
17	Dimanche	
18	Lundi	
19	Mardi	*Vincennes* (T)(O)(D).
20	Mercredi	
21	Jeudi	*Vincennes* (T) (D).
22	Vendredi	*Vincennes* (T)(O)(D).
23	Samedi	
24	Dimanche	
25	Lundi	
26	Mardi	
27	Mercredi	*Paris* (T).
28	Jeudi	
29	Vendredi	*Paris* (D).
30	Samedi	

1. Hôtel Saint-Pol (I) (D). — 2. Saint-Germain (I). — 3. Paris (D). — 4. Paris (G) (D). — 5. Paris (D). — 6. Paris (D). — 7. Paris (D). — 8. Paris, Saint-Pol (T) (D). — 9. Paris (D). — 10. Paris (D) (O).

1369 — PAQUES, 1er avril.

JUILLET	
1 Dimanche	*Paris* (D).
2 Lundi	
3 Mardi	
4 Mercredi	
5 Jeudi	*Paris* (I).
6 Vendredi	*Paris* (I).
7 Samedi	*Paris* (A.O) (I).
8 Dimanche	*Paris* (I) (D).
9 Lundi	*Paris* (T) (I).
10 Mardi	*Paris* (I).
11 Mercredi	*Paris* (T) (I).
12 Jeudi	*Paris* (I).
13 Vendredi	*Paris* (I).
14 Samedi	*Paris* (I) (D).
15 Dimanche	*Paris* (I).
16 Lundi	*Paris* (T) (I) (D).
17 Mardi	*Paris* (G) (I).
18 Mercredi	*Paris* (T) (I).
19 Jeudi	*Louvre* (I) *Pont-St-Maxence* (I).
20 Vendredi	
21 Samedi	
22 Dimanche	
23 Lundi	
24 Mardi	*Rouen* (T) (D).
25 Mercredi	
26 Jeudi	
27 Vendredi	
28 Samedi	
29 Dimanche	*Rouen*, en nostre chastel (D)[1].
30 Lundi	*Rouen* (I).
31 Mardi	*Rouen* (I).

AOUT[2]	
1 Mercredi	*Rouen* (I).
2 Jeudi	*Rouen* (I).
3 Vendredi	*Rouen* (T) (O) (I).
4 Samedi	*Rouen* (I).
5 Dimanche	*Rouen* (I).
6 Lundi	*Rouen* (T) (O) (I).
7 Mardi	*Rouen* (G) (I).
8 Mercredi	*Rouen* (I) (D).
9 Jeudi	*Rouen* (A.O).
10 Vendredi	
11 Samedi	
12 Dimanche	
13 Lundi	
14 Mardi	
15 Mercredi	*Tancarville* (D).
16 Jeudi	*Abbaye de Jumièges* (D).
17 Vendredi	
18 Samedi	*Tancarville* (T) (D)
19 Dimanche	*Rouen* (T) (D).
20 Lundi	
21 Mardi	
22 Mercredi	
23 Jeudi	
24 Vendredi	*Jumièges* (T) (D).
25 Samedi	
26 Dimanche	
27 Lundi	*St-Joire* (D) *Rouen* (T) (D).
28 Mardi	
29 Mercredi	
30 Jeudi	
31 Vendredi	

SEPTEMBRE	
1 Samedi	
2 Dimanche	*Abb. Ste-Catherine-les-Rouen* (D).
3 Lundi	*Abb. Ste-Catherine-les-Rouen* (D).
4 Mardi	
5 Mercredi	*Ronen*[3].
6 Jeudi	*Rouen*[4].
7 Vendredi	*Rouen*.
8 Samedi	*Rouen*[5].
9 Dimanche	
10 Lundi	*Rouen*[6].
11 Mardi	
12 Mercredi	*Rouen*[7].
13 Jeudi	*Rouen*[8].
14 Vendredi	*Rouen*[9].
15 Samedi	
16 Dimanche	*Rouen*[10].
17 Lundi	*Rouen*[11].
18 Mardi	
19 Mercredi	
20 Jeudi	
21 Vendredi	
22 Samedi	*Paris* (I).
23 Dimanche	*Paris* (I) (D).
24 Lundi	*Paris* (I).
25 Mardi	*Paris* (I).
26 Mercredi	*Paris* (I)[12].
27 Jeudi	*Paris* (I).
28 Vendredi	*Paris* (I)[13].
29 Samedi	*Paris* (I).
30 Dimanche	*Paris* (I).

1. Sainte-Catherine-lez-Rouen. — 2. Sans date de jour. Harfleur (T). — 3. Au mont de Rouen (T) (D). — 4. Sainte-Catherine-lez-Rouen (T) (D). — 5. Sainte-Catherine-lez-Rouen (T) (D). — 6. Sainte-Catherine du mont de Rouen (D). — 7. Sainte-Catherine-lez-Rouen (D). — 8. Sainte-Catherine-les-Rouen (T) (D). — 9. Sainte-Catherine-sur-Rouen (D). — 10. Sainte-Catherine-les-Rouen (D). — 11. Sainte-Catherine-sur-Rouen (D). — 12. Vincennes (D) (T) (O). — 13. Vin-

1369 — PAQUES, 1er avril.

OCTOBRE

1	Lundi	*Paris* (T) (I).
2	Mardi	*Paris* (I).
3	Mercredi	*Paris* (I) (D).
4	Jeudi	*Paris* (I).
5	Vendredi	*Paris* (I).
6	Samedi	*Paris* (T) (I).
7	Dimanche	*Paris* (I).
8	Lundi	*Paris* (I).
9	Mardi	*Paris* (I).
10	Mercredi	*Paris* (I).
11	Jeudi	*Paris* (I).
12	Vendredi	*Paris* (I).
13	Samedi	*Paris* (T) (I).
14	Dimanche	*Paris* (A.O) (I) (D).
15	Lundi	*Paris*, St-Pol (T) (I).
16	Mardi	*Paris* (G) (I) (D).
17	Mercredi	*Paris* (I).
18	Jeudi	*Paris* (G) (I) (D).
19	Vendredi	*Paris* (I).
20	Samedi	*Paris* (G) (I) (D).
21	Dimanche	*Paris* (G) (I) (D).
22	Lundi	*Paris* (G) (I) (D).
23	Mardi	*Paris* (I).
24	Mercredi	*Paris* (I).
25	Jeudi	*Paris* (T) (I).
26	Vendredi	*Paris* (I) *Vincennes* (D).
27	Samedi	*Paris* (G) (I) (D).
28	Dimanche	*Paris* (I).
29	Lundi	*Paris* (I).
30	Mardi	*Paris* (I).
31	Mercredi	*Paris* (I).

NOVEMBRE

1	Jeudi	*Paris* (I).
2	Vendredi	*Paris* (I).
3	Samedi	*Paris* (I).
4	Dimanche	*Paris* (I) (D).
5	Lundi	*Paris* (O) (I).
6	Mardi	*Paris* (I).
7	Mercredi	*Paris* (I) (D).
8	Jeudi	*Paris* (I).
9	Vendredi	*Paris* (I).
10	Samedi	*Paris* (I) (D).
11	Dimanche	*Paris* (I).
12	Lundi	*Paris*, chastel du Louvre (G) (I) (D).
13	Mardi	*Paris* (I) (D).
14	Mercredi	*Paris* (I).
15	Jeudi	*Paris* (I).
16	Vendredi	*Paris* (I).
17	Samedi	*Paris* (I).
18	Dimanche	*Paris* (A.O) (I) (D).
19	Lundi	*Paris* (I).
20	Mardi	*Paris* (T) (I).
21	Mercredi	*Paris* (I). Arrivée de la Cse de Flandre, duc de Bourgogne.
22	Jeudi	*Paris* (I).
23	Vendredi	*Paris* (T) (I).
24	Samedi	*Paris* (I) (D).
25	Dimanche	*Paris* (I).
26	Lundi	*Paris* (T) (I).
27	Mardi	*Paris* (T) (I).
28	Mercredi	*Paris* (I).
29	Jeudi	*Paris* (I) (D).
30	Vendredi	*Paris* St-Pol (T) (I) (D).

DÉCEMBRE

1	Samedi	*Paris* (I) (D).	16	Dimanche	*Paris* (I).
2	Dimanche	*Paris* (I).	17	Lundi	*Paris* (I).
3	Lundi	*Paris* (I) (D).	18	Mardi	*Paris* (I).
4	Mardi	*Paris*, St-Pol (T) (I).	19	Mercredi	*Paris* (T) [1]
5	Mercredi	*Paris* (I).	20	Jeudi	*Paris* (I).
6	Jeudi	*Paris* (T) (I).	21	Vendredi	*Paris* (I).
7	Vendredi	*Paris*, hôtel St-Pol ( ) (I) (D).	22	Samedi	*Paris* (T) (I).
8	Samedi	*Paris* (I).	23	Dimanche	*Paris* (T) (G) (I) (D).
9	Dimanche	*Paris* (I) (D).	24	Lundi	*Paris* (T) (G) (I) (D).
10	Lundi	*Paris* (I).	25	Mardi	*Paris* (I).
11	Mardi	*Paris* (I) (D).	26	Mercredi	*Paris* (I).
12	Mercredi	*Paris* (I).	27	Jeudi	*Paris* (I) (D).
13	Jeudi	*Paris* (T) (I).	28	Vendredi	*Paris* (I).
14	Vendredi	*Paris* (T) (I).	29	Samedi	*Paris* (I) (D).
15	Samedi	*Paris* (I).	30	Dimanche	*Paris* (I).
			31	Lundi	*Paris* (I).

1. Saint-Pol (G) (I) (D).

1370 — PAQUES, 14 avril.

JANVIER		FÉVRIER	
1 Mardi	*Paris* (I).	1 Vendredi	*Paris* (I).
2 Mercrédi	*Paris* (I).	2 Samedi	*Paris* (I).
3 Jeudi	*Paris* (I).	3 Dimanche	*Paris* (I).
4 Vendredi	*Paris* (T) (I).	4 Lundi	*Paris* (I).
5 Samedi	*Paris* (I).	5 Mardi	*Paris* (I).
6 Dimanche	*Paris* (I).	6 Mercredi	*Paris* (O) (I) (D).
7 Lundi	*Paris* (I).	7 Jeudi	*Paris* (I).
8 Mardi	*Paris. Vincennes* (G).	8 Vendredi	*Paris* (I).
9 Mercredi	*Paris* (I).	9 Samedi	*Paris* (I) *Vincennes* (T) (D).
10 Jeudi	*Paris* (I).	10 Dimanche	*Paris* (I).
11 Vendredi	*Paris* (T) (G) (I).	11 Lundi	*Paris* (I).
12 Samedi	*Paris* (I) (D).	12 Mardi	*Paris* (I).
13 Dimanche	*Paris* Hôtel St-Pol (T) (I).	13 Mercredi	*Paris* (I).
14 Lundi	*Paris* (I).	14 Jeudi	*Paris* (I).
15 Mardi	*Paris* (T) (I) (D).	15 Vendredi	*Paris* (I) (D) *Vincennes* (T) (D).
16 Mercredi	*Paris* Hôtel St-Pol (I) (D).	16 Samedi	*Paris* (T) (I) (D).
17 Jeudi	*Paris* (I) (D).	17 Dimanche	*Paris* (I).
18 Vendredi	*Paris* (G) (I).	18 Lundi	*Paris* (T) (I).
19 Samedi	*Paris* (I)[1].	19 Mardi	*Paris* (T) (I).
20 Dimanche	*Paris*[2].	20 Mercredi	*Paris* (I) (D).
21 Lundi	*Paris* (I).	21 Jeudi	*Paris* (I).
22 Mardi	*Paris* (I).	22 Vendredi	*Paris* (I).
23 Mercredi	*Paris* (I).	23 Samedi	*Paris* (T) (I).
24 Jeudi	*Paris* (I).	24 Dimanche	*Paris* (I).
25 Vendredi	*Paris* (I)[3].	25 Lundi	*Paris*, Hôtel St-Pol (D).
26 Samedi	*Paris* (I) (D).	26 Mardi	
27 Dimanche	*Paris* (I).	27 Mercredi	
28 Lundi	*Paris* (I).	28 Jeudi	*Paris* (T) (D).
29 Mardi	*Paris* (I).		
30 Mercredi	*Paris* (I).		
31 Jeudi	*Paris* (I).		

MARS			
1 Vendredi	*Paris*, hôtel St-Pol (D)	16 Samedi	
2 Samedi	*Paris* (T) (D).	17 Dimanche	*Paris* (T).
3 Dimanche	*Paris* (P).	18 Lundi	
4 Lundi	*Paris* (T) (G) (D).	19 Mardi	
5 Mardi	*Paris* (D).	20 Mercredi	*Paris* (T) (D).
6 Mercredi		21 Jeudi	
7 Jeudi	*Paris* (T) (D).	22 Vendredi	
8 Vendredi	*Paris*, hôtel St-Pol (O) (P) (D).	23 Samedi	*Paris*[4].
		24 Dimanche	*Paris* (G) (D).
9 Samedi		25 Lundi	*Paris*[5].
10 Dimanche	*Paris*, hôtel St-Pol (D)	26 Mardi	*Paris* hôtel St-Pol (D)
11 Lundi		27 Mercredi	
12 Mardi	*Paris* (T) (D)	28 Jeudi	
13 Mercredi	*Paris* (D).	29 Vendredi	*Paris* (G) (I) (D).
14 Jeudi	*Paris* (D).	30 Samedi	*Paris* (I).
15 Vendredi	*Paris* (D).	31 Dimanche	*Paris* (I).

1. Vincennes (D). — 2. Paris, hôtel Saint-Pol (I) (D). — 3. Vincennes (T) (D). — 4. Paris, hôtel Saint-Pol (G) (D). — 5. Paris, en nostre tour du bois de Vincennes (D)

1370 — PAQUES, 14 avril.

AVRIL	
1 Lundi	*Paris* (I).
2 Mardi	*Paris* (I) (D).
3 Mercredi	*Paris* (I).
4 Jeudi	*Paris* (I) (D).
5 Vendredi	*Paris*, hôtel St-Pol (I) (D).
6 Samedi	*Paris* (T) (I) (D).
7 Dimanche	*Paris* (I).
8 Lundi	*Paris* (I) (D).
9 Mardi	*Paris* (I) (D).
10 Mercredi	*Paris* (I) (D).
11 Jeudi	*Paris* (T) (I) (D).
12 Vendredi	*Paris* (T) (I).
13 Samedi	*Paris* (I).
14 Dimanche	Pâques. *Paris* (I).
15 Lundi	*Paris* (I).
16 Mardi	*Paris* (I).
17 Mercredi	*Paris* (I).
18 Jeudi	*Paris* (I).
19 Vendredi	*Paris* (T) (I).
20 Samedi	*Paris* (T) (I).
21 Dimanche	*Paris* (I) (D).
22 Lundi	*Paris* (I) (D).
23 Mardi	*Paris* (I).
24 Mercredi	*Paris* (T) (I).
25 Jeudi	*Paris* (I).
26 Vendredi	*Paris* (I) hôtel St-Pol (T) *Vincennes* (G).
27 Samedi	*Paris* (I) *Tour du bois de Vincennes* (D).
28 Dimanche	*Paris* (I) (D) [1].
29 Lundi	*Paris* (I) *Vincennes* (T)
30 Mardi	*Paris* (I) [2].

MAI[3]	
1 Mercredi	*Paris* (I).
2 Jeudi	*Paris* (I).
3 Vendredi	*Paris* (I) hôtel St-Pol (I) (D).
4 Samedi	*Paris* (I).
5 Dimanche	*Paris* (I).
6 Lundi	*Paris* (I).
7 Mardi	*Paris* (T) (I).
8 Mercredi	*Paris* (I) (D).
9 Jeudi	*Paris* (D).
10 Vendredi	*Paris* (T) (O) (D).
11 Samedi	*Paris* Hôtel St-Pol (G) (D).
12 Dimanche	
13 Lundi	
14 Mardi	*Vincennes* (O) (D).
15 Mercredi	
16 Jeudi	*Vincennes* (T)
17 Vendredi	*Paris* (T) (D).
18 Samedi	
19 Dimanche	
20 Lundi	
21 Mardi	
22 Mercredi	
23 Jeudi	*Paris* (T).
24 Vendredi	
25 Samedi	
26 Dimanche	
27 Lundi	
28 Mardi	*Paris* (O).
29 Mercredi	
30 Jeudi	*Paris*, hôtel St-Pol (D)
31 Vendredi	*Paris* (T) (D).

JUIN	
Samedi	*Paris* (T).
2 Dimanche	
3 Lundi	
4 Mardi	*Paris* (T).
5 Mercredi	
6 Jeudi	
7 Vendredi	
8 Samedi	*Paris* (D).
9 Dimanche	
10 Lundi	*Paris* (T) (D).
11 Mardi	*Vincennes* (T) (O) (D).
12 Mercredi	*Vincennes* (D) (T) *Paris* (T) (D).
13 Jeudi	*Paris* (D) (O).
14 Vendredi	
15 Samedi	
16 Dimanche	*Paris* (D).
17 Lundi	*Paris* (A. O).
18 Mardi	
19 Mercredi	*Paris* (O) (D).
20 Jeudi	
21 Vendredi	*Paris* (T) (D).
22 Samedi	*Bois de Vincennes* (D)
23 Dimanche	
24 Lundi	
25 Mardi	
26 Mercredi	
27 Jeudi	
28 Vendredi	*Bois de Vincennes* (D)
29 Samedi	
30 Dimanche	

1. Vincennes (D). — 2. Saint-Germain (T). — 3. Sans date de jour. Saint-Maur (T).

1870 — PAQUES, 14 avril.

JUILLET		AOUT	
1 Lundi		1 Jeudi	
2 Mardi		2 Vendredi	*Bois de Vincennes* (T) (D).
3 Mercredi		3 Samedi	
4 Jeudi	*Paris* (D).	4 Dimanche	
5 Vendredi		5 Lundi	*Bois de Vincennes* (D)
6 Samedi		6 Mardi	*Paris* (T) (D).
7 Dimanche		7 Mercredi	
8 Lundi	*Paris*, hôtel St-Pol (T) (D).	8 Jeudi	*Paris* (T).
9 Mardi		9 Vendredi	
10 Mercredi		10 Samedi	
11 Jeudi		11 Dimanche	
12 Vendredi	*Paris*, St-Pol (T) (D).	12 Lundi	
13 Samedi	*Paris* (D).	13 Mardi	
14 Dimanche	*Bois de Vincennes* (D)	14 Mercredi	*Paris* (G).
15 Lundi		15 Jeudi	
16 Mardi		16 Vendredi	*Paris* (T).
17 Mercredi		17 Samedi	
18 Jeudi		18 Dimanche	
19 Vendredi	*Paris* (T) (O).	19 Lundi	
20 Samedi		20 Mardi	
21 Dimanche	*Paris*, St-Pol (O).	21 Mercredi	
22 Lundi	*Paris*, St-Pol (O).	22 Jeudi	*Bois de Vincennes* (O) (D).
23 Mardi		23 Vendredi	*Bois de Vincennes* (D)
24 Mercredi		24 Samedi	
25 Jeudi		25 Dimanche	
26 Vendredi	*Paris*, hôtel St-Pol (T) (D).	26 Lundi	*Vincennes* (T) (D).
27 Samedi		27 Mardi	
28 Dimanche	*Paris* (D).	28 Mercredi	*Paris* (D).
29 Lundi		29 Jeudi	
30 Mardi		30 Vendredi	
31 Mercredi		31 Samedi	

SEPTEMBRE			
1 Dimanche	*Paris*, hôtel St-Pol (D)	17 Mardi	
2 Lundi		18 Mercredi	
3 Mardi		19 Jeudi	
4 Mercredi	*Paris* (T).	20 Vendredi	*Paris* (T) (D).
5 Jeudi	*Paris* (T).	21 Samedi	*Paris* (D).
6 Vendredi		22 Dimanche	
7 Samedi		23 Lundi	
8 Dimanche		24 Mardi	
9 Lundi		25 Mercredi	
10 Mardi	*Paris*, hôtel St-Pol (T)	26 Jeudi	
11 Mercredi		27 Vendredi	*Paris*, hôtel St-Pol (D).
12 Jeudi		28 Samedi	
13 Vendredi	*Paris* (T).	29 Dimanche	*Paris* (T) (D).
14 Samedi		30 Lundi	
15 Dimanche			
16 Lundi			

1370 — PAQUES, 14 avril.

OCTOBRE		NOVEMBRE	
1 Mardi	*Paris* (D).	1 Vendredi	
2 Mercredi	*Paris*, hôtel St-Pol (D).	2 Samedi	
3 Jeudi	*Paris* (D).	3 Dimanche	*Melun* (T) (D).
4 Vendredi		4 Lundi	
5 Samedi	*Paris* (D).	5 Mardi	*Melun* (T) (D).
6 Dimanche	*Paris* (D).	6 Mercredi	
7 Lundi		7 Jeudi	
8 Mardi	*Paris* (D).	8 Vendredi	
9 Mercredi		9 Samedi	*Paris* (D).
10 Jeudi	*Paris* (O) (P).	10 Dimanche	
11 Vendredi	*Paris* (T) (D).	11 Lundi	
12 Samedi	*Vincennes* (D).	12 Mardi	*Paris* (G) (D).
13 Dimanche		13 Mercredi	Au *Vivier* (D).
14 Lundi	*Vincennes* (T).	14 Jeudi	
15 Mardi		15 Vendredi	*Paris* (D) (A. O.) (T)
16 Mercredi		16 Samedi	
17 Jeudi		17 Dimanche	
18 Vendredi		18 Lundi	
19 Samedi	*Bois de Vincennes* (D)	19 Mardi	*Paris* (T) (D).
20 Dimanche		20 Mercredi	
21 Lundi	*Paris* (T) (D), *Vincennes* (O).	21 Jeudi	Au *bois de Vincennes* (D).
22 Mardi		22 Vendredi	*Vincennes* (D).
23 Mercredi	*Paris* (T).	23 Samedi	
24 Jeudi		24 Dimanche	*Vincennes* (T).
25 Vendredi		25 Lundi	
26 Samedi		26 Mardi	
27 Dimanche		27 Mercredi	
28 Lundi		28 Jeudi	
29 Mardi		29 Vendredi	*Paris*, St-Pol (T) (O) (D).
30 Mercredi		30 Samedi	
31 Jeudi	*Melun* (T) (O).		

DÉCEMBRE			
1 Dimanche		16 Lundi	
2 Lundi		17 Mardi	
3 Mardi		18 Mercredi	*Paris* (T).
4 Mercredi		19 Jeudi	
5 Jeudi		20 Vendredi	
6 Vendredi	*Paris*, hôtel St-Pol (D)	21 Samedi	*Paris* (D).
7 Samedi	*Paris*, St-Pol (G).	22 Dimanche	
8 Dimanche		23 Lundi	
9 Lundi	*Paris* (D).	24 Mardi	
10 Mardi	*Bois de Vincennes* (D)	25 Mercredi	
11 Mercredi		26 Jeudi	
12 Jeudi	*En nostre tour du bois de Vincennes* (G).	27 Vendredi	*Paris*, hôtel St-Pol (D)
13 Vendredi		28 Samedi	
14 Samedi	*Vincennes* (G).	29 Dimanche	
15 Dimanche		30 Lundi	*Paris*, St-Pol (C) (D).
		31 Mardi	

1871 — PAQUES, 6 avril.

JANVIER		FÉVRIER	
1 Mercredi	*Paris* (G).	1 Samedi	
2 Jeudi		2 Dimanche	
3 Vendredi		3 Lundi	
4 Samedi	*Paris* (T) (D).	4 Mardi	
5 Dimanche	*Paris* (P).	5 Mercredi	
6 Lundi	*Paris* (G) (D).	6 Jeudi	*Vincennes* (O) (D).
7 Mardi	*Paris* (T) (D.)	7 Vendredi	
8 Mercredi		8 Samedi	*Vincennes* (T).
9 Jeudi		9 Dimanche	
10 Vendredi	*Paris* (G).	10 Lundi	
11 Samedi	*Paris*, hôtel St-Pol (D).	11 Mardi	
12 Dimanche	*Paris*, hôtel St-Pol (T) (D).	12 Mercredi	*Vincennes* (T) (D).
13 Lundi		13 Jeudi	*Bois de Vincennes* (D).
14 Mardi	*Paris* (D).	14 Vendredi	
15 Mercredi		15 Samedi	
16 Jeudi	*Paris* [1].	16 Dimanche	
17 Vendredi	*Paris* (T) (D).	17 Lundi	
18 Samedi	*Paris* [2].	18 Mardi	
19 Dimanche	*Paris* (D).	19 Mercredi	*Paris*, St-Pol (T).
20 Lundi	*Paris* [3].	20 Jeudi	
21 Mardi		21 Vendredi	
22 Mercredi	*Paris* (T) (D).	22 Samedi	*Paris* (D) *Vincennes* (T).
23 Jeudi		23 Dimanche	*Paris*, Saint-Pol (G) (D).
24 Vendredi		24 Lundi	
25 Samedi		25 Mardi	
26 Dimanche		26 Mercredi	
27 Lundi		27 Jeudi	*Paris* (D).
28 Mardi	*Paris* (D).	28 Vendredi	
29 Mercredi	*Paris* (G).		
30 Jeudi			
31 Vendredi			

MARS			
1 Samedi		16 Dimanche	*Paris* (D).
2 Dimanche	*Bois de Vincennes* (T) (D).	17 Lundi	*Paris* (G) (D).
3 Lundi	*Paris* (G).	18 Mardi	*Paris* (G.)
4 Mardi		19 Mercredi	*Paris* (T).
5 Mercredi		20 Jeudi	
6 Jeudi	*Paris* (G).	21 Vendredi	
7 Vendredi	*Paris* (T).	22 Samedi	
8 Samedi		23 Dimanche	
9 Dimanche		24 Lundi	*Vernon* (A,O) (D).
10 Lundi	*Paris* (T).	25 Mardi	
11 Mardi		26 Mercredi	*Vernon* (D).
12 Mercredi	*Paris* (T).	27 Jeudi	
13 Jeudi		28 Vendredi	
14 Vendredi		29 Samedi	*Vernon* (P).
15 Samedi		30 Dimanche	
		31 Lundi	

1. Hôtel Saint-Pol (D). — 2. Hôtel Saint-Pol (G) (D). — 3. Saint-Pol (T) (O) (D).

1371 — PAQUES, 6 avril.

AVRIL		MAI	
1 Mardi		1 Jeudi	*Paris* (D).
2 Mercredi	*Paris* (D).	2 Vendredi	*Paris* (P).
3 Jeudi		3 Samedi	*Bois de Vincennes* (T) (D).
4 Vendredi	*Paris* (G).	4 Dimanche	*Paris* (D).
5 Samedi		5 Lundi	*Bois de Vincennes* (D).
6 Dimanche	Pâques, *Paris* (G).	6 Mardi	
7 Lundi	*Paris* (D).	7 Mercredi	
8 Mardi	*Paris*, Louvre (D).	8 Jeudi	*Vincennes* (T) (D).
9 Mercredi	*Paris* (D).	9 Vendredi	
10 Jeudi		10 Samedi	
11 Vendredi	*Paris*, Louvre (T) (O).	11 Dimanche	*Vincennes* (T).
12 Samedi	*Paris* (D).	12 Lundi	
13 Dimanche	*Paris* (O) (D).	13 Mardi	
14 Lundi		14 Mercredi	
15 Mardi	*Paris* (G).	15 Jeudi	
16 Mercredi	*Paris* (D).	16 Vendredi	*Paris* (T).
17 Jeudi	*Paris*.	17 Samedi	
18 Vendredi		18 Dimanche	*Vincennes* (T).
19 Samedi	*Paris* (G).	19 Lundi.	
20 Dimanche	*Paris*, Louvre (G).	20 Mardi	
21 Lundi		21 Mercredi	
22 Mardi	*Paris* (D).	22 Jeudi	
23 Mercredi	*Paris* (G).	23 Vendredi	
24 Jeudi	*Paris*, Louvre (T).	24 Samedi	*Paris* (G) (D).
25 Vendredi	*Paris*, Louvre (D).	25 Dimanche	
26 Samedi	*Paris* (C).	26 Lundi	
27 Dimanche		27 Mardi	
28 Lundi	*Paris* (D).	28 Mercredi	*Paris*, Louvre (D).
29 Mardi	*Paris* (D) *Vincennes* (T).	29 Jeudi	*Paris*, Louvre (D).
30 Mercredi	*Paris*, Louvre (T).	30 Vendredi	*Paris* (T).
		31 Samedi	

JUIN			
1 Dimanche		16 Lundi	*Paris* (D).
2 Lundi		17 Mardi	*Paris* (O).
3 Mardi		18 Mercredi	*Vincennes* (D).
4 Mercredi	*Paris* (D).	19 Jeudi	
5 Jeudi		20 Vendredi	*Paris* (O).
6 Vendredi	*Paris* (T) (O) (D).	21 Samedi	
7 Samedi		22 Dimanche	
8 Dimanche		23 Lundi	
9 Lundi		24 Mardi	
10 Mardi		25 Mercredi	*Chastel de Vincennes* (D).
11 Mercredi		26 Jeudi	
12 Jeudi		27 Vendredi	
13 Vendredi	*Paris* (D) [1].	28 Samedi	
14 Samedi		29 Dimanche	
15 Dimanche	*Chastel de Vincennes* (D).	30 Lundi	*Vincennes* (G) (D).

1. Vincennes (G).

1371 — PAQUES, 6 avril.

JUILLET		AOUT	
1 Mardi	Au *boys de Vincennes* (G) (D).	1 Vendredi	*Paris* (I).
2 Mercredi	*Vincennes* (D) [1].	2 Samedi	*Paris* (I).
3 Jeudi	*Paris* (O).	3 Dimanche	*Paris* (I).
4 Vendredi		4 Lundi	*Paris* (T) (I).
5 Samedi		5 Mardi	*Paris* (I).
6 Dimanche	*Paris* (D).	6 Mercredi	*Paris* (I).
7 Lundi	Au *Val-la-Reyne* (G).	7 Jeudi	*Paris* (I).
8 Mardi	*Paris* (P).	8 Vendredi	*Paris* (I).
9 Mercredi		9 Samedi	*Paris* (O) (I).
10 Jeudi	*Melun* (D).	10 Dimanche	*Paris* (I) (D).
11 Vendredi		11 Lundi	*Paris* (I).
12 Samedi	*Melun* (G) (D).	12 Mardi	
13 Dimanche		13 Mercredi	
14 Lundi		14 Jeudi	*Paris*, hôtel St-Pol (D).
15 Mardi	*Melun* (A.O.) (G) (D).	15 Vendredi	
16 Mercredi	*Melun* (G) (D).	16 Samedi	
17 Jeudi	*Melun* (T).	17 Dimanche	
18 Vendredi		18 Lundi	
19 Samedi	*Paris* (I).	19 Mardi	*Paris* (D).
20 Dimanche	*Paris*, St-Pol (T) (I).	20 Mercredi	*Paris* (D).
21 Lundi	*Vincennes* (I).	21 Jeudi	*Paris* (T).
22 Mardi	*Vincennes* (I).	22 Vendredi	
23 Mercredi	*Paris* (I).	23 Samedi	*Paris* (O) (D).
24 Jeudi	*Paris* (I).	24 Dimanche	
25 Vendredi	*Paris* (I).	25 Lundi	
26 Samedi	*Paris* (G) (I).	26 Mardi	*Paris*, hôtel St-Pol (D).
27 Dimanche	*Paris* (T) (I).	27 Mercredi	*Paris* (D).
28 Lundi	*Paris* (I) (D).	28 Jeudi	
29 Mardi	*Paris* (T) (I).	29 Vendredi	
30 Mercredi	*Paris*, hôtel St-Pol (G) (I) (D).	30 Samedi	
31 Jeudi	*Paris* (I) (D).	31 Dimanche	*Paris* (D).

SEPTEMBRE			
1 Lundi		16 Mardi	
2 Mardi	*Vincennes* (T).	17 Mercredi	*Paris* (T).
3 Mercredi		18 Jeudi	
4 Jeudi	*Bois de Vincennes* (G) (D).	19 Vendredi	
5 Vendredi	*Bois de Vincennes* (D).	20 Samedi	
6 Samedi	*Vincennes* (O).	21 Dimanche	
7 Dimanche		22 Lundi	
8 Lundi		23 Mardi	*Vincennes* (T).
9 Mardi		24 Mercredi	
10 Mercredi	*Paris* (T).	25 Jeudi	
11 Jeudi		26 Vendredi	
12 Vendredi		27 Samedi	
13 Samedi		28 Dimanche	*Paris* (T).
14 Dimanche		29 Lundi	
15 Lundi	*Paris* (T) [2].	30 Mardi	*Paris* (D).

1. Villeneuve-Saint-Georges. — 2. Vincennes (G).

1371 — PAQUES, 6 avril.

OCTOBRE		NOVEMBRE	
1 Mercredi	*Paris* (D).	1 Samedi	
2 Jeudi	*Paris* (I).	2 Dimanche	
3 Vendredi	*Paris* (I).	3 Lundi	*Paris*, St-Pol (T).
4 Samedi	*Paris* (I).	4 Mardi	*Paris* (G).
5 Dimanche	*Paris* (I).	5 Mercredi	
6 Lundi	*Paris* St-Pol (T) (O) (I)	6 Jeudi	*Paris* (G).
7 Mardi	*Paris* (T) (I).	7 Vendredi	
8 Mercredi	*Paris* (O) (I).	8 Samedi	*Paris* (O) (P) (G) (D).
9 Jeudi	*Paris* (I).	9 Dimanche	
10 Vendredi	*Paris*, St-Pol (T) (I).	10 Lundi	
11 Samedi	*Paris*, hôtel St-Pol (G) (I) (D).	11 Mardi	
		12 Mercredi	
12 Dimanche	*Paris* (G) (I).	13 Jeudi	*Paris* (G).
13 Lundi	*Paris*, hôtel St-Pol (I) (D).	14 Vendredi	*Paris* (G).
		15 Samedi	*Vincennes* (T) (G).
14 Mardi	*Paris* (I).	16 Dimanche	
15 Mercredi	*Paris* (I) [1].	17 Lundi	*Paris* (T).
16 Jeudi	*Paris* [2].	18 Mardi	*Paris* (T).
17 Vendredi	*Paris*, St-Pol (T) (I).	19 Mercredi	*Paris* (T).
18 Samedi	*Paris* (T) (I).	20 Jeudi	*Vincennes* (O).
19 Dimanche	*Paris* (T) (O) (I).	21 Vendredi	*Vincennes* (D).
20 Lundi	*Paris* (I).	22 Samedi	*Vincennes* (pièces fugit.)
21 Mardi	*Paris* (I).		
22 Mercredi	*Paris* (I).	23 Dimanche	
23 Jeudi		24 Lundi	
24 Vendredi		25 Mardi	
25 Samedi		26 Mercredi	*Paris* (P).
26 Dimanche	*Paris* (C).	27 Jeudi	
27 Lundi		28 Vendredi	*Paris* (T).
28 Mardi	*Paris* (T).	29 Samedi	*Paris* (D).
29 Mercredi		30 Dimanche	
30 Jeudi			
31 Vendredi	*Paris* [3].		

DÉCEMBRE			
1 Lundi		16 Mardi	*Paris* (G) (D).
2 Mardi		17 Mercredi	*Paris*, St-Pol (G).
3 Mercredi	*Paris* (P).	18 Jeudi	
4 Jeudi	*Paris* (G) (D).	19 Vendredi	
5 Vendredi		20 Samedi	*Paris* (T) (D).
6 Samedi	*Paris* hôtel St-Pol (G) (D).	21 Dimanche	
		22 Lundi	
7 Dimanche	*Paris* (G).	23 Mardi	
8 Lundi		24 Mercredi	
9 Mardi		25 Jeudi	
10 Mercredi		26 Vendredi	*Paris* (T) (D).
11 Jeudi	*Paris* (P) (G).	27 Samedi	
12 Vendredi		28 Dimanche	*Paris* [4].
13 Samedi	*Paris* (D).	29 Lundi	*Paris* (T).
14 Dimanche		30 Mardi	*Paris* (T) (D).
15 Lundi		31 Mercredi	

1. Vincennes (D). — 2. Hôtel Saint-Pol (I) (D). — 3. Hôtel Saint-Pol (D). — 4. Hôtel Saint-Pol (T) (O) (D).

1372 — PAQUES, 28 mars.

JANVIER	
1 Jeudi	*Paris* (G).
2 Vendredi	*Paris*, St-Pol (T)(O).
3 Samedi	*Paris* (T).
4 Dimanche	*Paris*, St-Pol (T)(G) (D).
5 Lundi	*Paris* (G) (D).
6 Mardi	
7 Mercredi	*Paris* (P) (D).
8 Jeudi	*Paris*, hôtel St-Pol (T) (D).
9 Vendredi	*Paris* (G).
10 Samedi	*Paris*[1].
11 Dimanche	
12 Lundi	
13 Mardi	*Paris* (O).
14 Mercredi	*Paris* (D).
15 Jeudi	
16 Vendredi	
17 Samedi	*Paris* (T).
18 Dimanche	
19 Lundi	*Paris* (P) (D).
20 Mardi	
21 Mercredi	
22 Jeudi	*Paris* (G) (D).
23 Vendredi	*Paris* (G).
24 Samedi	*Paris* (T) Louvre.
25 Dimanche	
26 Lundi	*Paris* (G).
27 Mardi	*Paris*[2].
28 Mercredi	*Paris*[3].
29 Jeudi	*Paris* (G).
30 Vendredi	
31 Samedi	*Paris* (T) (G) (D).

FÉVRIER	
1 Dimanche	*Vincennes* (pièces fugit.) (O) (D).
2 Lundi	*Paris*, hôt. St-Pol (D).
3 Mardi	
4 Mercredi	*Paris* (G).
5 Jeudi	
6 Vendredi	*Paris*, hôt. St-Pol (D).
7 Samedi	
8 Dimanche	
9 Lundi	*Paris* (O) (D)
10 Mardi	
11 Mercredi	*Paris* (T).
12 Jeudi	
13 Vendredi	*Paris*, St-Pol (T)(D).
14 Samedi	*Paris* (D).
15 Dimanche	
16 Lundi	
17 Mardi	*Paris* (D).
18 Mercredi	*Paris* (T) (G) (D).
19 Jeudi	*Paris* (O).
20 Vendredi	*Paris* (T) St-Pol.
21 Samedi	*Paris* (T) (D), hôtel St-Pol (P).
22 Dimanche	*Paris*, hôtel St-Pol (O) (P) (D).
23 Lundi	
24 Mardi	
25 Mercredi	
26 Jeudi	
27 Vendredi	*Paris* (T) (O).
28 Samedi	*Paris* (T) (O).
29 Dimanche	

MARS	
1 Lundi	
2 Mardi	*Paris* (G).
3 Mercredi	
4 Jeudi	
5 Vendredi	
6 Samedi	*Paris* (G).
7 Dimanche	*Paris* (G).
8 Lundi	*Paris* (D).
9 Mardi	*Bois de Vincennes* (D).
10 Mercredi	*Vincennes* (D).
11 Jeudi	
12 Vendredi	*Paris* (D).
13 Samedi	
14 Dimanche	
15 Lundi	
16 Mardi	*Paris* (G) (D).
17 Mercredi	
18 Jeudi	
19 Vendredi	*Paris* (T).
20 Samedi	*Paris* (T).
21 Dimanche	*Paris* (T).
22 Lundi	
23 Mardi	*Paris*, Louvre (O).
24 Mercredi	*Paris* (D).
25 Jeudi	
26 Vendredi	*Paris* (T).
27 Samedi	
28 Dimanche	Pâques. *Paris* (T).
29 Lundi	
30 Mardi	
31 Mercredi	*Paris* (G).

1. Hôtel Saint-Pol (T) (G) (D). — 2. Saint-Pol (T) (O) (D). — 3. Louvre (T) (G).

1372 — PAQUES, 28 mars.

AVRIL

1 Jeudi	
2 Vendredi	
3 Samedi	*Paris*, Louvre (T).
4 Dimanche	
5 Lundi	
6 Mardi	*Vincennes* (G).
7 Mercredi	*Paris* (O) (G) (D).
8 Jeudi	*Paris*, Louvre (T) (O) (D).
9 Vendredi	*Paris* (D).
10 Samedi	
11 Dimanche	*Paris* (G).
12 Lundi	
13 Mardi	*Vincennes* (G).
14 Mercredi	
15 Jeudi	
16 Vendredi	*Vincennes* (A.O).
17 Samedi	*Paris*.
18 Dimanche	*Paris* (D).
19 Lundi	
20 Mardi	*Paris* (T).
21 Mercredi	
22 Jeudi	*Paris* (G).
23 Vendredi	*Paris*, Louvre (T)(O).
24 Samedi	
25 Dimanche	
26 Lundi	
27 Mardi	*Paris*, hôtel St-Pol (G) (D).
28 Mercredi	
29 Jeudi	*Paris* (D).
30 Vendredi	

MAI

1 Samedi	*Paris* (T).
2 Dimanche	*Senlis* (D).
3 Lundi	*Paris* (G) (D).
4 Mardi	
5 Mercredi	
6 Jeudi	*Paris*, Louvre (T).
7 Vendredi	*Paris* (D).
8 Samedi	*Paris*, Louvre (G)(D).
9 Dimanche	*Paris*, Louvre (T).
10 Lundi	*Paris*, *Saint-Denys* (A.O) (O) (D).
11 Mardi	
12 Mercredi	*Saint-Denys* (T).
13 Jeudi	*Royaumont* (G).
14 Vendredi	
15 Samedi	
16 Dimanche	
17 Lundi	*Senlis* (D).
18 Mardi	
19 Mercredi	
20 Jeudi	
21 Vendredi	*Abbaye de Chaalis* (D).
22 Samedi	
23 Dimanche	
24 Lundi	
25 Mardi	
26 Mercredi	
27 Jeudi	*Saint-Denys* (P).
28 Vendredi	*Compiègne* (T).
29 Samedi	
30 Dimanche	
31 Lundi	

JUIN[1]

1 Mardi	
2 Mercredi	
3 Jeudi	*St-Germain-en-Laye* (T).
4 Vendredi	
5 Samedi	
6 Dimanche	*Pontoise* (T)[2]
7 Lundi	*Maubuisson-lez-Pontoise* (D).
8 Mardi	*Maubuisson* (G).
9 Mercredi	*Mante* (T).
10 Jeudi	
11 Vendredi	*Saint-Germain* (T)[3].
12 Samedi	
13 Dimanche	*St-Germ.-en-Laye*(T).
14 Lundi	
15 Mardi	*Paris*, Louvre (T).
16 Mercredi	
17 Jeudi	*St-Germ.-en-Laye*(T).
18 Vendredi	*Paris* (T).
19 Samedi	
20 Dimanche	*Paris* (G) (D).
21 Lundi	
22 Mardi	*Paris*[4].
23 Mercredi	
24 Jeudi	*Paris* (O).
25 Vendredi	
26 Samedi	
27 Dimanche	*Paris* (D)[5].
28 Lundi	
29 Mardi	*Melun* (T).
30 Mercredi	

1. Séjour, Mantes (T). — 2. Au val Nostre-Dame (D) (T) (G). — 3. Poissy (T). — 4. (Pièces fugit.) (O) (D). — 5. Melun (G) (D).

1372 — PAQUES, 28 mars.

JUILLET		AOUT	
1 Jeudi	*Paris.*	1 Dimanche	*Vincennes* (I).
2 Vendredi		2 Lundi	*Vincennes* (I).
3 Samedi		3 Mardi	*Vincennes* (I).
4 Dimanche		4 Mercredi	
5 Lundi	*Bois de Vincennes* (D)	5 Jeudi	*Paris* (D).
6 Mardi		6 Vendredi	*Vincennes* (G).
7 Mercredi		7 Samedi	*Vincennes* (O).
8 Jeudi		8 Dimanche	
9 Vendredi	*Vincennes* (T)(O)(P).	9 Lundi	*Paris* (O).
10 Samedi		10 Mardi	
11 Dimanche	*Vincennes* (T).	11 Mercredi	
12 Lundi	*Vincennes* (D) *Paris* (T) (D).	12 Jeudi	*Vincennes* (T).
		13 Vendredi	*Vincennes* (G).
13 Mardi	*Vincennes* (D).	14 Samedi	*Vincennes* (D).
14 Mercredi		15 Dimanche	*Paris* (D).
15 Jeudi		16 Lundi	
16 Vendredi	*Paris* (G).	17 Mardi	
17 Samedi		18 Mercredi	*Paris, Bois de Vincennes* (O) (G) (D).
18 Dimanche	*Vincennes* (Pièces fugit.) (T) (O).		
		19 Jeudi	
19 Lundi		20 Vendredi	*Vincennes* (T).
20 Mardi	*Vincennes* (D).	21 Samedi	*Bois de Vincennes* (D)
21 Mercredi	*Paris* (D).	22 Dimanche	
22 Jeudi	*Vincennes* (T).	23 Lundi	*Vincennes* (T).
23 Vendredi		24 Mardi	
24 Samedi	*Bois de Vincennes* (I)	25 Mercredi	*Vincennes* (G) (D).
25 Dimanche	*Vincennes* (I).	26 Jeudi	
26 Lundi	*Vincennes* (I) *Paris* (D)	27 Vendredi	*Vincennes* (T)(G)(D).
27 Mardi	*Vincennes* (I).	28 Samedi	
28 Mercredi	*Vincennes* (I).	29 Dimanche	*Vincennes* (D) *Paris* (G).
29 Jeudi	*Vincennes* (T) (I) (D).		
30 Vendredi	*Vincennes* (I).	30 Lundi	
31 Samedi	*Vincennes* (I).	31 Mardi	*Paris* (O) (G).

SEPTEMBRE			
1 Mercredi		16 Jeudi	
2 Jeudi		17 Vendredi	*Paris*, Louvre (G).
3 Vendredi	*Vincennes* (Pièces fugit.) (T) (O) (D).	18 Samedi	*Paris*, Louvre (T)(D)
		19 Dimanche	
4 Samedi		20 Lundi	
5 Dimanche	*Vincennes* (T).	21 Mardi	
6 Lundi	*Paris*, Louvre (T).	22 Mercredi	*Melun* (T) (O).
7 Mardi	*Paris* (D).	23 Jeudi	
8 Mercredi		24 Vendredi	*Vincennes* (T).
9 Jeudi	*Paris*, St-Pol (T).	25 Samedi	*Vincennes* (T).
10 Vendredi	*Paris*, Louvre (T).	26 Dimanche	
11 Samedi		27 Lundi	*Vincennes* (G) (D).
12 Dimanche	*Paris* (T).	28 Mardi	*Paris* (G) (D).
13 Lundi	*Paris*, Louvre (D).	29 Mercredi	*Paris* (D) *Vincennes* (T).
14 Mardi			
15 Mercredi		30 Jeudi	

1372 — PAQUES, 28 mars.

OCTOBRE		NOVEMBRE	
1 Vendredi	*Paris*, Louvre (Pièces fugit.) (T) (O).	1 Lundi	
2 Samedi	*Paris*, St-Pol (T).	2 Mardi	
3 Dimanche	*Paris*, Louvre (O) (G).	3 Mercredi	
4 Lundi	*Paris* (T).	4 Jeudi	*Paris* (G).
5 Mardi		5 Vendredi	
6 Mercredi		6 Samedi	
7 Jeudi	*Villepecque* (G) (D).	7 Dimanche	
8 Vendredi		8 Lundi	*Paris*, Louvre (T) (D)
9 Samedi	*Saint-Denys* (G).	9 Mardi	*Paris*, Louvre (T) (O)
10 Dimanche		10 Mercredi	
11 Lundi	*Paris* (T).	11 Jeudi	
12 Mardi		12 Vendredi	
13 Mercredi	*Vincennes* (T) (O).	13 Samedi	*Paris* (O).
14 Jeudi		14 Dimanche	
15 Vendredi	*Paris* (O).	15 Lundi	*Paris* (D).
16 Samedi		16 Mardi	
17 Dimanche		17 Mercredi	
18 Lundi		18 Jeudi	*Paris* (T).
19 Mardi		19 Vendredi	
20 Mercredi	*Paris*, Louvre (D).	20 Samedi	*Paris* (O).
21 Jeudi		21 Dimanche	*Paris*, Louvre (D).
22 Vendredi		22 Lundi	*Paris* (O).
23 Samedi		23 Mardi	
24 Dimanche	*Melun* (D).	24 Mercredi	
25 Lundi		25 Jeudi	*Paris*, Louvre (O) (P)
26 Mardi		26 Vendredi	*Paris*, Louvre (T) (O) (D).
27 Mercredi	*Melun* (T) (D).	27 Samedi	*Paris* (D Plancher).
28 Jeudi		28 Dimanche	
29 Vendredi		29 Lundi	*Paris* (D).
30 Samedi		30 Mardi	
31 Dimanche			

DÉCEMBRE			
1 Mercredi		16 Jeudi	*Paris* (I).
2 Jeudi		17 Vendredi	*Paris* (I).
3 Vendredi	*Paris*, Louvre (T) (O) (D).	18 Samedi	*Paris*[3].
4 Samedi		19 Dimanche	
5 Dimanche		20 Lundi	
6 Lundi		21 Mardi	*Paris* (T).
7 Mardi		22 Mercredi	
8 Mercredi	*Paris*, Louvre (T).	23 Jeudi	*Paris* (T).
9 Jeudi	*Paris*[1].	24 Vendredi	*Paris*, Louvre (O) (C)
10 Vendredi	*Paris*, Louvre (T) (D)	25 Samedi	
11 Samedi	*Paris* (I).	26 Dimanche	*Paris* (G).
12 Dimanche	*Paris* (O) (I) (D).	27 Lundi	*Paris* (T) (A. O) (D).
13 Lundi	*Paris* (I).	28 Mardi	*Paris* (D).
14 Mardi	*Paris* (I).	29 Mercredi	
15 Mercredi	*Paris*[2].	30 Jeudi	*Paris* (G) (D).
		31 Vendredi	*Paris* (G).

1. Pièces fugit. (O) (D). — 2. Louvre (T) (O) (P) (I). — 3. Louvre (T) (G) (I) (D).

1373 — PAQUES, 17 avril.

JANVIER		FÉVRIER	
1 Samedi		1 Mardi	
2 Dimanche	*Paris* (T), Louvre (D).	2 Mercredi	
3 Lundi	*Paris*, Louvre (D).	3 Jeudi	*Paris* (G).
4 Samedi		4 Vendredi	*Paris*, Louvre (T) (G).
5 Dimanche	*Paris*, Louvre (T)(D).	5 Samedi	*Paris* (D).
6 Lundi	*Paris*, Louvre (O).	6 Dimanche	*Paris* (G).
7 Mardi		7 Lundi	
8 Mercredi	*Paris*, Louvre (T) (O) (D).	8 Mardi	*Paris* (D).
9 Jeudi		9 Mercredi	*Paris* (D).
10 Vendredi	*Paris* (G).	10 Jeudi	*Paris* (D).
11 Samedi		11 Vendredi	*Paris* (A.O) (D).
12 Dimanche	*Paris*, Louvre (T).	12 Samedi	*Paris*, Louvre (G).
13 Lundi		13 Dimanche	
14 Mardi		14 Lundi	*Paris* (A.O).
15 Mercredi	*Paris* (T).	15 Mardi	*Paris*, Louvre (T).
16 Jeudi		16 Mercredi	
17 Vendredi		17 Jeudi	*Paris* (O) (P).
18 Samedi		18 Vendredi	*Paris*, Louvre (T).
19 Dimanche		19 Samedi	
20 Lundi	*Paris* (T).	20 Dimanche	
21 Mardi		21 Lundi	*Melun* (T). *Paris* (O).
22 Mercredi	*Paris*, Louvre (T).	22 Mardi	
23 Jeudi		23 Mercredi	*Paris* (D).
24 Vendredi	*Paris* (T) (D).	24 Jeudi	*Saint-Denys* (O) (P).
25 Samedi	*Paris*, Louvre (T).	25 Vendredi	
26 Dimanche		26 Samedi	
27 Lundi	*Paris* (D).	27 Dimanche	*Vincennes* (T).
28 Mardi	*Paris* (O).	28 Lundi	*Vincennes* (T).
29 Mercredi			
30 Jeudi	*Paris* (D).		
31 Vendredi			

MARS			
1 Mardi	*Paris* (D).	17 Jeudi	*Paris* (I).
2 Mercredi		18 Vendredi	*Paris*, Louvre (I) (D).
3 Jeudi		19 Samedi	*Paris* (I).
4 Vendredi	*Paris*, Louvre (T).	20 Dimanche	*Paris* (I) *St-Denys* (I).
5 Samedi		21 Lundi	*Maubuisson* (I).
6 Dimanche	*Paris* (T).	22 Mardi	*Maubuisson* (I) (D).
7 Lundi		23 Mercredi	Au *val Notre-Dame* (I).
8 Mardi	*Paris*, Louvre (D).		
9 Mercredi	*Paris* (T).	24 Jeudi	*Maubuisson* (I).
10 Jeudi		25 Vendredi	*Paris* (I).
11 Vendredi	*Paris* (D).	26 Samedi	
12 Samedi		27 Dimanche	
13 Dimanche		28 Lundi	
14 Lundi		29 Mardi	
15 Mardi	*Paris* (I) *Senlis* (G).	30 Mercredi	*Val Notre-Dame* (T).
16 Mercredi	*Paris* (I).	31 Jeudi	

1873 — PAQUES, 17 avril.

AVRIL		MAI	
1 Vendredi		1 Dimanche	*Vincennes* (I).
2 Samedi	*Paris* (D).	2 Lundi	*Paris* (I) *Vincennes* (T).
3 Dimanche	*Paris*, Louvre (T).	3 Mardi	*Vincennes* (I).
4 Lundi		4 Mercredi	*Vincennes* (I).
5 Mardi		5 Jeudi	*Vincennes* (T) (I).
6 Mercredi	*Vincennes* (D).	6 Vendredi	*Vincennes* (T) (I).
7 Jeudi	*Vincennes* (T).	7 Samedi	*Vincennes* (I).
8 Vendredi	*Paris* (T) *Vincennes* (T).	8 Dimanche	*Vincennes* (I).
9 Samedi		9 Lundi.	*Vincennes* (I).
10 Dimanche		10 Mardi	*Vincennes* (I) *Paris* (D).
11 Lundi.		11 Mercredi	*Vincennes* (I) (D).
12 Mardi		12 Jeudi	*Vincennes* (T).
13 Mercredi	*Paris* (T).	13 Vendredi	
14 Jeudi		14 Samedi	*Vincennes* (T).
15 Vendredi	*Paris* (T).	15 Dimanche	
16 Samedi	*Paris* (T).	16 Lundi	*Brie-Cte-Robert* (T).
17 Dimanche	Pâques.	17 Mardi	
18 Lundi.		18 Mercredi	*Vincennes* (D).
19 Mardi	*Paris*, Louvre (T).	19 Jeudi	
20 Mercredi	*Paris* (T).	20 Vendredi	
21 Jeudi		21 Samedi	Au *Val-la-Reyne* (T).
22 Vendredi		22 Dimanche	Au *Val-la-Reyne* (T).
23 Samedi	*Paris*, (T) Louvre (T).	23 Lundi	
24 Dimanche	*Paris*, Louvre (T).	24 Mardi	
25 Lundi		25 Mercredi	Au *Val-la-Reyne* (T).
26 Mardi		26 Jeudi	*Paris* (T).
27 Mercredi	*Paris* (O).	27 Vendredi	
28 Jeudi	*Paris* (T).	28 Samedi	*Paris* (O) (G).
29 Vendredi	*Paris* (T), Louvre.	29 Dimanche	*Paris* (D).
30 Samedi		30 Lundi	
		31 Mardi	

JUIN			
1 Mercredi	*Paris* (O).	16 Jeudi	*Vincennes* (I).
2 Jeudi	*Bois de Vincennes* (D) *Paris*.	17 Vendredi	*Vincennes* (I) (D).
3 Vendredi	*Paris*, St-Pol (T).	18 Samedi	*Vincennes* (I) (D).
4 Samedi		19 Dimanche	*Vincennes* (I).
5 Dimanche		20 Lundi	*Vincennes* (I).
6 Lundi		21 Mardi	*Vincennes* (I).
7 Mardi		22 Mercredi	*Vincennes* (T)(O)(C) (I).
8 Mercredi	*Vincennes* (T).	23 Jeudi	
9 Jeudi		24 Vendredi	*Paris* (T).
10 Vendredi		25 Samedi	*Vincennes* (T).
11 Samedi		26 Dimanche	*Vincennes* (Lebeuf)
12 Dimanche		27 Lundi	*Vincennes* (T).
13 Lundi		28 Mardi	
14 Mardi		29 Mercredi	
15 Mercredi		30 Jeudi	*Vincennes* (G) (D).

1373 — PAQUES, 17 avril.

JUILLET		AOUT	
1 Vendredi	*Paris* (G).	1 Lundi	
2 Samedi	*Vincennes* (T).	2 Mardi	
3 Dimanche		3 Mercredi	*Paris* (T).
4 Lundi	*Vincennes* (T).	4 Jeudi	
5 Mardi	*Paris* (pièces fugit.) (O) (D).	5 Vendredi	
6 Mercredi	*Vincennes* (D).	6 Samedi	*Paris*, chastel du Louvre (G).
7 Jeudi	*Vincennes* (D).	7 Dimanche	
8 Vendredi	*Vincennes* (T).	8 Lundi	
9 Samedi	*Paris* (D).	9 Mardi	*Paris* (T).
10 Dimanche		10 Mercredi	
11 Lundi		11 Jeudi	*Paris* (T).
12 Mardi		12 Vendredi	
13 Mercredi	*Vincennes* (T).	13 Samedi	
14 Jeudi	*Paris* (O).	14 Dimanche	
15 Vendredi	*Paris* (D) *Vincennes* (T).	15 Lundi	
16 Samedi	*Vincennes* (T) (G).	16 Mardi	*Paris*, en Parlement (D).
17 Dimanche		17 Mercredi	
18 Lundi	*Vincennes* (T).	18 Jeudi	*Paris* (T).
19 Mardi		19 Vendredi	
20 Mercredi		20 Samedi	
21 Jeudi	*Saint-Ouen* (D).	21 Dimanche	
22 Vendredi		22 Lundi	*Paris* (O).
23 Samedi		23 Mardi	
24 Dimanche		24 Mercredi	*Paris* (T).
25 Lundi		25 Jeudi	
26 Mardi		26 Vendredi	
27 Mercredi	*Vincennes* (T) (O).	27 Samedi	
28 Jeudi	*Paris* (D).	28 Dimanche	
29 Vendredi	*Vincennes*[1].	29 Lundi	
30 Samedi		30 Mardi	*Paris* (T) (G).
31 Dimanche		31 Mercredi	

SEPTEMBRE			
1 Jeudi		16 Vendredi	*Paris* (G) (D).
2 Vendredi	*Paris*, Louvre (T).	17 Samedi	*Paris* (T).
3 Samedi		18 Dimanche	*Paris* (T).
4 Dimanche		19 Lundi	
5 Lundi	*Paris* (G).	20 Mardi	*Paris*, Louvre (T).
6 Mardi		21 Mercredi	
7 Mercredi	*Paris*, Louvre (T)(O)	22 Jeudi	*Paris* (T), Louvre.
8 Jeudi		23 Vendredi	*Paris*, Louvre (T)(G).
9 Vendredi	*Paris*, Louvre (T).	24 Samedi	
10 Samedi	*Paris* (T).	25 Dimanche	
11 Dimanche	*Paris* (O) (D).	26 Lundi	*Paris* (T) (D).
12 Lundi	*Paris*, Louvre (T).	27 Mardi	
13 Mardi		28 Mercredi	
14 Mercredi		29 Jeudi	
15 Jeudi		30 Vendredi	*Paris* (O).

1. Pièces fugit. (T) (O).

1378 — PAQUES, 17 avril.

OCTOBRE

1	Samedi	*Paris*, Louvre (T).
2	Dimanche	*Paris* (G) (D).
3	Lundi	
4	Mardi	
5	Mercredi	
6	Jeudi	*Paris* (D).
7	Vendredi	*Paris*, hôtel St-Pol (T) (P) (D).
8	Samedi	*Paris* (D).
9	Dimanche	
10	Lundi	
11	Mardi	
12	Mercredi	*Paris* (D).
13	Jeudi	*Paris* (G) (D).
14	Vendredi	
15	Samedi	
16	Dimanche	
17	Lundi	*Paris* (D).
18	Mardi	
19	Mercredi	
20	Jeudi	
21	Vendredi	
22	Samedi	*Paris* (G).
23	Dimanche	
24	Lundi	*Paris* (D).
25	Mardi	*Paris* (G).
26	Mercredi	*Paris* (T) (D).
27	Jeudi	*Paris* (G) (D).
28	Vendredi	*Paris* (T).
29	Samedi	
30	Dimanche	
31	Lundi	

NOVEMBRE

1	Mardi	
2	Mercredi	*Melun* (T).
3	Jeudi	
4	Vendredi	*Melun* (T).
5	Samedi	*Paris* (O).
6	Dimanche	
7	Lundi	
8	Mardi	*Paris* (G).
9	Mercredi	
10	Jeudi	
11	Vendredi	
12	Samedi	*Paris* (T).
13	Dimanche	
14	Lundi	
15	Mardi	*Paris* (T).
16	Mercredi	*Paris* (T).
17	Jeudi	
18	Vendredi	
19	Samedi	
20	Dimanche	*Paris*, Louvre (T).
21	Lundi	*Paris* (T).
22	Mardi	
23	Mercredi	
24	Jeudi	
25	Vendredi	*Paris* (T).
26	Samedi	
27	Dimanche	*Paris* (T).
28	Lundi	*Paris*, Louvre (T) (D).
29	Mardi	*Paris*, Louvre (T).
30	Mercredi	*Paris* (T).

DÉCEMBRE

1	Jeudi	*Paris*, Louvre (T).
2	Vendredi	*Paris* (T) St-Pol (T) (I).
3	Samedi	*Paris* (T) (I).
4	Dimanche	*Paris*, Louvre (I) (D).
5	Lundi	*Paris* (I).
6	Mardi	*Paris* (O) (I).
7	Mercredi	*Paris* (T) (I) (D) Louvre (I) (D) *Vincennes* (T).
8	Jeudi	*Paris* (I).
9	Vendredi	*Paris* (I) (D).
10	Samedi	*Paris* (T) (I) (D).
11	Dimanche	*Paris*, Louvre (D).
12	Lundi	*Paris* (G).
13	Mardi	
14	Mercredi	*Paris* (D).
15	Jeudi	
16	Vendredi	*Paris* (D), *Vincennes*, (T) (D).
17	Samedi	
18	Dimanche	*Paris* (D).
19	Lundi	
20	Mardi	
21	Mercredi	
22	Jeudi	
23	Vendredi	*Paris* (T).
24	Samedi	*Paris* (G) (D).
25	Dimanche	
26	Lundi	
27	Mardi	*Paris* (T) (G).
28	Mercredi	
29	Jeudi	*Paris*, Louvre (T).
30	Vendredi	
31	Samedi	*Paris*, Louvre (D).

1374 — PAQUES, 2 avril.

JANVIER		FÉVRIER	
1 Dimanche	*Paris* [1].	1 Mercredi	
2 Lundi		2 Jeudi	
3 Mardi	*Paris* (D).	3 Vendredi	*Paris* (G) (D).
4 Mercredi	*Paris* (O) (P).	4 Samedi	*Paris* (G).
5 Jeudi		5 Dimanche	
6 Vendredi		6 Lundi	
7 Samedi	*Paris* (T) (G) (D).	7 Mardi	
8 Dimanche		8 Mercredi	*Paris*, hôtel St-Pol (D).
9 Lundi		9 Jeudi	
10 Mardi		10 Vendredi	
11 Mercredi		11 Samedi	*Paris* (A.O) (G) (D).
12 Jeudi	*Vincennes* (T).	12 Dimanche	*Paris* (A.O).
13 Vendredi	*Bois de Vincennes* (O) (D).	13 Lundi	*Paris* (T) (D).
14 Samedi	*Vincennes* (T) (O).	14 Mardi	*Paris* (A.O).
15 Dimanche	*Vincennes* (T).	15 Mercredi	
16 Lundi		16 Jeudi	
17 Mardi		17 Vendredi	
18 Mercredi		18 Samedi	
19 Jeudi	Eglise de *St-Mor-des-Fossés* (T).	19 Dimanche	
20 Vendredi	*Vincennes* (T).	20 Lundi	*Bois de Vincennes* (T) (D).
21 Samedi		21 Mardi	
22 Dimanche	*Paris*, hôtel St-Pol (D)	22 Mercredi	*Paris* (D).
23 Lundi		23 Jeudi	
24 Mardi		24 Vendredi	*Paris* (G) *Saint-Denys* (G).
25 Mercredi	*Paris* (T).	25 Samedi	
26 Jeudi	*Paris*, Louvre (T).	26 Dimanche	
27 Vendredi	*Paris*, Louvre (T) (D).	27 Lundi	*Vincennes* (T).
28 Samedi	*Paris* (D).	28 Mardi	
29 Dimanche	*Paris* (D).		
30 Lundi	*Paris*, Louvre (D).		
31 Mardi	*Paris* (T).		

MARS			
1 Mercredi		16 Jeudi	*Paris* (T).
2 Jeudi	*Vincennes* (T).	17 Vendredi	
3 Vendredi	*Vincennes* (G) (D).	18 Samedi	
4 Samedi		19 Dimanche	
5 Dimanche		20 Lundi	*Paris* (T).
6 Lundi	*Vincennes* (T) (G).	21 Mardi	*Paris* (G).
7 Mardi		22 Mercredi	
8 Mercredi		23 Jeudi	*Paris* (D).
9 Jeudi		24 Vendredi	*Paris* [2].
10 Vendredi	*Paris* (T).	25 Samedi	*Paris*, Louvre (D).
11 Samedi	*Vincennes* (T), *Paris* (T).	26 Dimanche	*Paris* [3].
12 Dimanche	*Paris* (G)(D).	27 Lundi	*Paris* (T).
13 Lundi	*Paris*, hôtel St-Pol (D)	28 Mardi	
14 Mardi	*Paris* (G).	29 Mercredi	
15 Mercredi	*Paris* (T).	30 Jeudi	*Paris* (O).
		31 Vendredi	*Paris* (T).

1. Châtel du Louvre (T). — 2. Hôtel Saint-Pol (T) (D). — 3. Hôtel Saint-Pol (G) (D).

1374 — PAQUES, 2 avril.

AVRIL		MAI	
1 Samedi		1 Lundi	*Bois de Vincennes* (I)[1]
2 Dimanche	Pâques.	2 Mardi	*Paris* (I)[2].
3 Lundi	*Paris* (T) (D).	3 Mercredi	
4 Mardi		4 Jeudi	
5 Mercredi		5 Vendredi	
6 Jeudi	*Paris*, Louvre (D).	6 Samedi	
7 Vendredi		7 Dimanche	
8 Samedi	*Paris* (T) (G).	8 Lundi	*Bois de Vincennes* (T) (D).
9 Dimanche	*Paris* (G).	9 Mardi	
10 Lundi		10 Mercredi	*Vincennes* (G).
11 Mardi		11 Jeudi	*Paris* (T).
12 Mercredi	*Paris* (D).	12 Vendredi	*Vincennes* (T)[3].
13 Jeudi	*Paris*, Louvre (G)(D).	13 Samedi	*Paris* (D).
14 Vendredi		14 Dimanche	*Paris* (D).
15 Samedi	*Paris* (D).	15 Lundi	*Paris*.
16 Dimanche	*Paris* (G) (D).	16 Mardi	*Paris* (T).
17 Lundi		17 Mercredi	
18 Mardi	*Paris* (D).	18 Jeudi	
19 Mercredi	*Paris* (T).	19 Vendredi	
20 Jeudi	*Paris*, Louvre (T) (G)(D).	20 Samedi	
21 Vendredi	*Paris*, hôtel St-Pol (T) (D).	21 Dimanche	*Paris* (D).
22 Samedi		22 Lundi	*Eglise de Chaalis* (D).
23 Dimanche	Au *Bois de Vincennes* (I).	23 Mardi	
24 Lundi	*Vincennes* (T)(P)(I).	24 Mercredi	
25 Mardi	*Vincennes* (I).	25 Jeudi	
26 Mercredi	*Vincennes* (I).	26 Vendredi	*Bourgfontaine-en-Valois* (T) (D).
27 Jeudi	*Vincennes* (T) (I).	27 Samedi	*Saint-Denys*[4].
28 Vendredi	*Vincennes* (I).	28 Dimanche	*Paris*[5].
29 Samedi	*Vincennes* (I).	29 Lundi	
30 Dimanche	*Vincennes* (D).	30 Mardi	
		31 Mercredi	*Compiègne* (D).

JUIN			
1 Jeudi		16 Vendredi	*Chastel de Breelle* (D).
2 Vendredi	*Paris* (T).	17 Samedi	
3 Samedi		18 Dimanche	*Senlis* (I).
4 Dimanche	*Compiègne* (T) (G).	19 Lundi	*Senlis* (I).
5 Lundi		20 Mardi	*Senlis* (T) (I) (D).
6 Mardi	*Royal-lieu-les-Compiègne* (T).	21 Mercredi	*Senlis* (I).
7 Mercredi		22 Jeudi	*Senlis* (I).
8 Jeudi		23 Vendredi	*Senlis* (T) (I).
9 Vendredi		24 Samedi	*Senlis* (I).
10 Samedi	*Paris* (O).	25 Dimanche	*Senlis* (I).
11 Dimanche		26 Lundi	*Senlis* (I)(D) *Braelle-en-Beauvoisis* (T)
12 Lundi	*Paris* (T).	27 Mardi	*Senlis* (I).
13 Mardi		28 Mercredi	*Senlis* (I).
14 Mercredi	*Abb. de Réaulmont* (I).	29 Jeudi	*Senlis* (I).
15 Jeudi		30 Vendredi	*Senlis* (I).

1. Paris, Saint-Pol (T). — 2. Vincennes (T). — 3. Abbaye de Chaalis (T). — 4. Pièces fugit. Paris (T). — 5. Pièces fugit. (O).

1374 — PAQUES, 2 avril.

JUILLET		AOUT	
1 Samedi	*Senlis* (I).	1 Mardi	*Paris* (A.O) (G) (D).
2 Dimanche	*Abb. de Béaulmont*(I)	2 Mercredi	
3 Lundi	Au *Val Notre-Dame* (I) *Maubuisson*(I).	3 Jeudi	
4 Mardi	*Saint-Germain-en-Laye* (I).	4 Vendredi	*Paris*(T) *Louvre* (T) (O).
5 Mercredi	*Saint-Germain* (I)[1].	5 Samedi	*Paris* (T).
6 Jeudi	*Saint-Germain* (I)[2].	6 Dimanche	
7 Vendredi	*Saint-Germain* (I).	7 Lundi	*Paris*. Louvre (P) (D)
8 Samedi	*Saint-Germain* (I).	8 Mardi	
9 Dimanche	*Saint-Germain* (I).	9 Mercredi	
10 Lundi	*Saint-Denys* (I)[3].	10 Jeudi	*Paris* (O).
11 Mardi	*Saint-Denys* (I).	11 Vendredi	
12 Mercredi	*Paris* (G) (I).	12 Samedi	
13 Jeudi	*Paris* (I).	13 Dimanche	
14 Vendredi	*Paris*[4].	14 Lundi	*Paris* (T) *Vincennes* (A.O).
15 Samedi	Disner en bois (I).	15 Mardi	*Paris* (O) (D).
16 Dimanche		16 Mercredi	*Vincennes* (D).
17 Lundi	*Paris* (T) (G).	17 Jeudi	
18 Mardi		18 Vendredi	*Vincennes* (O)(P)(G).
19 Mercredi		19 Samedi	*Vincennes* (T).
20 Jeudi		20 Dimanche	*Vincennes* (T)(O)(P).
21 Vendredi	*Paris*, Saint-Pol (G)	21 Lundi	
22 Samedi	*Paris* (T).	22 Mardi	
23 Dimanche	*Paris* (D).	23 Mercredi	*Vincennes* (T).
24 Lundi	*Paris* (T).	24 Jeudi	
25 Mardi		25 Vendredi	*Vincennes* (T).
26 Mercredi	*Paris*, Louvre (D).	26 Samedi	
27 Jeudi		27 Dimanche	
28 Vendredi		28 Lundi	
29 Samedi	*Paris* (T).	29 Mardi	*Bois de Vincennes*(T).
30 Dimanche		30 Mercredi	
31 Lundi		31 Jeudi	*Bois de Vincennes*(D).

SEPTEMBRE			
1 Vendredi	*Vincennes* (T).	16 Samedi	
2 Samedi	*Vincennes* (T) (D).	17 Dimanche	*Melun* (O).
3 Dimanche		18 Lundi	
4 Lundi		19 Mardi	*Melun* (T).
5 Mardi		20 Mercredi	
6 Mercredi	*Villepecque* (T).	21 Jeudi	*Melun* (T).
7 Jeudi	*Villépecque* (T).	22 Vendredi	*Melun* (T).
8 Vendredi	*Villepecque* (T) (D).	23 Samedi	
9 Samedi	*Vau-la-Royne* (T)(O) (G) (D).	24 Dimanche	
10 Dimanche		25 Lundi	*Melun* (T).
11 Lundi		26 Mardi	
12 Mardi	*Melun* (T).	27 Mercredi	*Lagny-s.-Marne*(T).
13 Mercredi		28 Jeudi	*Croissy-en-Brie* (T) (G) (D).
14 Jeudi		29 Vendredi	Au *Vivier-en-Brie*(T)
15 Vendredi		30 Samedi	*Lagny-s.-Marne*(D)

1. Maubuisson (G). — 2. Maubuisson (T). — 3. Saint-Germain (T). — 4. Saint-Pol (T) (G) (I) (D).

1374 — PAQUES, 2 avril.

OCTOBRE	
1 Dimanche	*Melun* (T).
2 Lundi	*Lagny* (G).
3 Mardi	*Melun* (T)(G)(D).
4 Mercredi	*Melun* (G) (D).
5 Jeudi	*Melun* (T).
6 Vendredi	*Melun* (T).
7 Samedi	
8 Dimanche	
9 Lundi	
10 Mardi	*Melun* (T).
11 Mercredi	*Melun* (T).
12 Jeudi	
13 Vendredi	*Melun* (T).
14 Samedi	
15 Dimanche	*Vincennes* (T) (D).
16 Lundi	
17 Mardi	
18 Mercredi	
19 Jeudi	*Melun* (T).
20 Vendredi	*Melun* (T).
21 Samedi	
22 Dimanche	
23 Lundi	
24 Mardi	
25 Mercredi	*Melun* (O)(P).
26 Jeudi	
27 Vendredi	
28 Samedi	*Melun* (T).
29 Dimanche	
30 Lundi	
31 Mardi	

NOVEMBRE	
1 Mercredi	
2 Jeudi	*Melun*.
3 Vendredi	*Melun* (G) (D).
4 Samedi	*Melun* (T).
5 Dimanche	
6 Lundi	
7 Mardi	
8 Mercredi	*Melun* (T) (O).
9 Jeudi	
10 Vendredi	*Melun* (D).
11 Samedi	
12 Dimanche	
13 Lundi	
14 Mardi	*Melun* (T).
15 Mercredi	
16 Jeudi	*Melun* (T).
17 Vendredi	*Melun* (D).
18 Samedi	*Melun* (T).
19 Dimanche	*Melun* (T).
20 Lundi	*Melun* (T).
21 Mardi	
22 Mercredi	*Melun* (T).
23 Jeudi	
24 Vendredi	*Vincennes* (T)(O)(D).
25 Samedi	*Paris* (T).
26 Dimanche	
27 Lundi	*Creil* (T).
28 Mardi	*Creil* (T).
29 Mercredi	*Abbaye de Réaulmont* (I).
30 Jeudi	*Saint-Denys* (I).

DÉCEMBRE	
1 Vendredi	*Paris* (I).
2 Samedi	*Paris* (I) (D).
3 Dimanche	*Paris* (I).
4 Lundi	*Paris* (I).
5 Mardi	*Bois de Vincennes* (I) *Paris* (D).
6 Mercredi	*Vincennes*(I)*Paris*(D)
7 Jeudi	*Vincennes* (T) (O) (G) (I) (D).
8 Vendredi	*Vincennes* (I).
9 Samedi	*Vincennes* (T) (I).
10 Dimanche	*Vincennes* (I).
11 Lundi	*Vincennes* (I).
12 Mardi	*Vincennes* (D) au *Val-la-Reyne* (I).
13 Mercredi	*Melun* (I).
14 Jeudi	*Melun* (T)(G)(I)(D).
15 Vendredi	*Melun* (I).
16 Samedi	*Melun* (I).
17 Dimanche	*Melun* (I).
18 Lundi	*Melun* (I).
19 Mardi	*Melun* (I).
20 Mercredi	*Melun* (I).
21 Jeudi	Au *Val-la-Reyne* (I)[1].
22 Vendredi	*Vincennes* (I).
23 Samedi	*Paris* (I).
24 Dimanche	*Paris* (I).
25 Lundi	*Paris* (I).
26 Mardi	*Paris* (I).
27 Mercredi	*Paris* (I).
28 Jeudi	*Paris* (I) (D).
29 Vendredi	*Paris*[2].
30 Samedi	*Paris* (I).
31 Dimanche	*Paris* (I) (D).

1. Melun (T). — 2. Louvre (T) (G) (I).

1375 — PAQUES, 22 avril.

JANVIER	
1 Lundi	*Paris* (I).
2 Mardi	*Paris* (I).
3 Mercredi	*Paris* (I).
4 Jeudi	*Paris* (I) (D).
5 Vendredi	*Paris* (T) (O) (G) (I) (D).
6 Samedi	*Paris* (I).
7 Dimanche	*Paris* (T) (I).
8 Lundi	*Paris* (T) (I).
9 Mardi	*Paris* (I).
10 Mercredi	*Paris* [1].
11 Jeudi	*Paris* (T) (I).
12 Vendredi	*Paris* [2].
13 Samedi	*Paris* [3].
14 Dimanche	
15 Lundi	*Bois de Vincennes* (D)[4]
16 Mardi	
17 Mercredi	*Paris* (I).
18 Jeudi	*Bois de Vincennes* (I) (D).
19 Vendredi	*Vincennes* (I) *Paris* (T)
20 Samedi	*Vincennes* (I).
21 Dimanche	*Vincennes* (I) *Paris* (D)
22 Lundi	*Vincennes* (I).
23 Mardi	*Vincennes* (I) *Paris* (T)
24 Mercredi	*Vincennes* (I) (T)[5].
25 Jeudi	*Vincennes* (I) (T)[6].
26 Vendredi	*Vincennes* (T) (I) (D).
27 Samedi	Dîner à *Lieursaint* (I)[7]
28 Dimanche	*Melun* (I).
29 Lundi	*Melun* (I).
30 Mardi	*Melun* (T) (I).
31 Mercredi	*Melun* (I).

FÉVRIER	
1 Jeudi	*Melun* (T) (I).
2 Vendredi	*Melun* (T) (I).
3 Samedi	*Melun* (I) (D).
4 Dimanche	*Melun* (T) (I).
5 Lundi	*Melun* (I).
6 Mardi	*Melun* (T) (I).
7 Mercredi	*Melun* (T).
8 Jeudi	*Melun* (T) *Villepecque* (T).
9 Vendredi	
10 Samedi	
11 Dimanche	Au *bois de Vincennes* (I) *Paris* (conseil (T).
12 Lundi	*Vincennes* (T) (I).
13 Mardi	*Vincennes* (I).
14 Mercredi	*Vincennes* (G) (I) (D).
15 Jeudi	*Vincennes* (I).
16 Vendredi	*Vincennes* (I).
17 Samedi	*Vincennes* (I) (D).
18 Dimanche	*Paris* (I) (D).
19 Lundi	*Paris* (I) (D).
20 Mardi	*Paris* (D).
21 Mercredi	*Paris* (D).
22 Jeudi	*Paris* (T).
23 Vendredi	*Paris*, hôtel St-Pol (I) (D).
24 Samedi	*Paris* (P) (I).
25 Dimanche	*Paris* (G).
26 Lundi	*Paris* (D) *Vincennes* (T).
27 Mardi	
28 Mercredi	*Paris* (I).

MARS			
1 Jeudi	*St-Denys* (I) *Paris* (D)	17 Samedi	
2 Vendredi	*Paris* (I) *St-Denys* (D)	18 Dimanche	
3 Samedi	*Paris* (T) (I).	19 Lundi	
4 Dimanche		20 Mardi	*Paris* (D).
5 Lundi	*Paris*, S[t]-Pol (T).	21 Mercredi	
6 Mardi	*Paris* (T).	22 Jeudi	
7 Mercredi	*Paris* (A.O).	23 Vendredi	*Paris* (T) (G) *Vincennes* (G).
8 Jeudi	*Paris* (T).	24 Samedi	
9 Vendredi	*Paris* (G) (D).	25 Dimanche	
10 Samedi		26 Lundi	*Paris* (T) (D).
11 Dimanche	*Vincennes* (T).	27 Mardi	*Paris* (T).
12 Lundi		28 Mercredi	*Paris* (T).
13 Mardi		29 Jeudi	*Paris* (O).
14 Mercredi		30 Vendredi	
15 Jeudi		31 Samedi	
16 Vendredi	*Paris* (T) (D).		

1. Louvre (T) (I). — 2. Louvre (G) (I) (D). — 3. Louvre (T) (I) (D). — 4. Paris (D) (T). 5. — Paris (D). — 6. Paris (T). — 7. Gîte à Melun (I)

1375 — PAQUES, 22 avril.

AVRIL		MAI	
1 Dimanche	*Paris*, hôtel St-Pol (T) (P).	1 Mardi	*Bois de Vincennes* (D)
2 Lundi	*Saint-Denys* (T).	2 Mercredi	*Vincennes* (D) *Paris* (p. f.) (G).
3 Mardi		3 Jeudi	
4 Mercredi	*Paris* (T).	4 Vendredi	
5 Jeudi		5 Samedi	*Vincennes* (T).
6 Vendredi		6 Dimanche	
7 Samedi		7 Lundi	*Vincennes* (T).
8 Dimanche	*Paris* (G).	8 Mardi	*Vincennes* (G).
9 Lundi		9 Mercredi	*Vincennes* (T)(O)(P).
10 Mardi		10 Jeudi	*Vincennes* (T).
11 Mercredi		11 Vendredi	*Vincennes* (T)(G)(D) *Paris* (T).
12 Jeudi	*Paris* (D).	12 Samedi	*Vincennes* (T).
13 Vendredi	*Paris*, Louvre (G).	13 Dimanche	
14 Samedi		14 Lundi	*Paris*, St-Pol (T) (D).
15 Dimanche		15 Mardi	
16 Lundi	*Paris* (D).	16 Mercredi	*Paris* (P).
17 Mardi		17 Jeudi	*Paris* (T).
18 Mercredi	*Paris* (T).	18 Vendredi	*Vincennes* (G).
19 Jeudi	*Paris* (T), Louvre (T).	19 Samedi	*Paris* (T) [1].
20 Vendredi		20 Dimanche	
21 Samedi		21 Lundi	*Paris* (T) (P).
22 Dimanche	Pâques.	22 Mardi	*Paris* (T).
23 Lundi	*Paris* (T).	23 Mercredi	
24 Mardi		24 Jeudi	*Paris* (O) (P).
25 Mercredi		25 Vendredi	
26 Jeudi		26 Samedi	*Paris* (D).
27 Vendredi	*Paris* (T) (D).	27 Dimanche	
28 Samedi	*Paris* (D).	28 Lundi	*Paris* (O).
29 Dimanche	*Vincennes* (T).	29 Mardi	*Vincennes* (P).
30 Lundi		30 Mercredi	
		31 Jeudi	

JUIN			
1 Vendredi	*Saint-Denys* (T).	16 Samedi	*Paris* (O).
2 Samedi	*Chastel de Vincennes* (T) (D).	17 Dimanche	*Paris* (T) (D).
3 Dimanche		18 Lundi	*Paris*, St-Pol (G).
4 Lundi	*Vincennes* (T).	19 Mardi	*Vincennes* (G) (D).
5 Mardi		20 Mercredi	
6 Mercredi		21 Jeudi	
7 Jeudi		22 Vendredi	*Vincennes* [2]
8 Vendredi		23 Samedi	
9 Samedi	*Paris* (T).	24 Dimanche	
10 Dimanche	*Paris* (D).	25 Lundi	*Vincennes* (T)(O)(D) *Paris* (D).
11 Lundi	*Paris* (T).	26 Mardi	*Vincennes* (T).
12 Mardi		27 Mercredi	
13 Mercredi	*Paris*, St Pol (G).	28 Jeudi	*Vincennes* (T).
14 Jeudi	*Paris*, St-Pol (T)(D).	29 Vendredi	*Montreuil* (T).
15 Vendredi	*Paris* (T) (D.)	30 Samedi	*Vincennes* (T) (D).

1. Vincennes (T). — 2. Paris (A.O) (D).

1375 — PAQUES, 22 avril.

JUILLET	
1 Dimanche	
2 Lundi	*Vincennes* (T).
3 Mardi	
4 Mercredi	
5 Jeudi	*Vincennes* (T).
6 Vendredi	*Vincennes* (T).
7 Samedi	*Vincennes* (T).
8 Dimanche	
9 Lundi	*Paris* (O).
10 Mardi	
11 Mercredi	*Bois de Vincennes*(I)
12 Jeudi	*Vincennes* (I).
13 Vendredi	*Vincennes* (I).
14 Samedi	*Vincennes*(I) *Paris*(D
15 Dimanche	*Vincennes* (G)(I)(D).
16 Lundi	*Vincennes* (G)(I)(D).
17 Mardi	*Vincennes* (I).
18 Mercredi	*Vincennes*(I) *Paris*(D)
19 Jeudi	*Vincennes* (I).
20 Vendredi	*Vincennes* (I) (T) *Paris* (D).
21 Samedi	*Vincennes*(I) *Paris*(T)
22 Dimanche	*Vincennes* (I) (D).
23 Lundi	
24 Mardi	*Paris* (O).
25 Mercredi	*Vincennes* (T) (D).
26 Jeudi	
27 Vendredi	*Vincennes* (T) (D) *Paris* (D).
28 Samedi	
29 Dimanche	
30 Lundi	
31 Mardi	*Vincennes* (T).

AOUT	
1 Mercredi	*Vincennes* (T).
2 Jeudi	
3 Vendredi	*Vincennes* (T).
4 Samedi	
5 Dimanche	*Saint-Denys* (T).
6 Lundi	*St-Germain-en-Laye* (T) *Paris* (T).
7 Mardi	*Saint-Ouen* [2].
8 Mercredi	*Chatou* (D).
9 Jeudi	*Saint-Germain* (T).
10 Vendredi	
11 Samedi	
12 Dimanche	*Saint-Germain* (T).
13 Lundi	
14 Mardi	*Saint-Germain* (T).
15 Mercredi	*Paris* (I).
16 Jeudi	*Saint-Germain* (D).
17 Vendredi	
18 Samedi	En nostre tour de Montjoye (T).
19 Dimanche	*Paris* (G).
20 Lundi	*Saint-Germain* (T).
21 Mardi	
22 Mercredi	*Saint-Denys* [3].
23 Jeudi	
24 Vendredi	
25 Samedi	*Saint-Denys* (D).
26 Dimanche	*Vincennes* (D).
27 Lundi	*Vincennes* (D).
28 Mardi	
29 Mercredi	*Vincennes* (T).
30 Jeudi	
31 Vendredi	

SEPTEMBRE			
1 Samedi	*Paris* (D).	15 Samedi	
2 Dimanche	Hostel de Gouvieux (G) (D).	16 Dimanche	*Paris* (G) (D).
3 Lundi		17 Lundi	
4 Mardi	*Paris* (O) (P).	18 Mardi	*Paris*, hôtel St-Pol (D)
5 Mercredi		19 Mercredi	
6 Jeudi		20 Jeudi	
7 Vendredi		21 Vendredi	*Vincennes* (T).
8 Samedi	*Paris* (D).	22 Samedi	*Vincennes* (T).
9 Dimanche		23 Dimanche	
10 Lundi	*Vincennes* (D) *Paris*, chap. du palais (T)	24 Lundi	
11 Mardi		25 Mardi	
12 Mercredi	*Paris* (D).	26 Mercredi	
13 Jeudi		27 Jeudi	
14 Vendredi		28 Vendredi	
		29 Samedi	
		30 Dimanche	*Paris* (T).

1. Hôtel de l'estang de Gouvieux. — 2. Pièces fugit. (O). — 3. — Pièces fugit. (O) (P).

1375 — PAQUES, 22 avril.

OCTOBRE		NOVEMBRE[1]	
1 Lundi		1 Jeudi	*Senlis* (T) (I).
2 Mardi		2 Vendredi	*Senlis* (T) (I).
3 Mercredi	*Vincennes* (D).	3 Samedi	*Senlis* (I).
4 Jeudi		4 Dimanche	*Senlis* (I).
5 Vendredi	*Vincennes* (G).	5 Lundi	*Senlis* (I) *Paris* (D).
6 Samedi		6 Mardi	*Senlis* (T).
7 Dimanche		7 Mercredi	*Senlis* (T).
8 Lundi		8 Jeudi	*Verberie*(T)(O)(D).
9 Mardi	*Saint-Denys* (T) *Paris* (T).	9 Vendredi	
10 Mercredi		10 Samedi	*Bourc-Fontaine*(T)(D)
11 Jeudi	*Senlis* (D).	11 Dimanche	*Bourc-Fontaine* (D).
12 Vendredi		12 Lundi	*Château-Thierry* (T).
13 Samedi	*Senlis* (D).	13 Mardi	*Château-Thierry* (T).
14 Dimanche		14 Mercredi	*Château-Thierry* (T) (G) (D).
15 Lundi		15 Jeudi	
16 Mardi	*Château-Thierry* (D)	16 Vendredi	*Château-Thierry* (T).
17 Mercredi		17 Samedi	
18 Jeudi		18 Dimanche	*Meaux* (T).
19 Vendredi		19 Lundi	
20 Samedi		20 Mardi	
21 Dimanche	*Senlis* (T).	21 Mercredi	
22 Lundi	*Senlis* (T).	22 Jeudi	*Vincennes* (G) (D).
23 Mardi	*Senlis* (I).	23 Vendredi	*Vincennes* (D).
24 Mercredi	*Senlis* (T) (I).	24 Samedi	
25 Jeudi	*Senlis* (I) (D).	25 Dimanche	
26 Vendredi	*Senlis* (I).	26 Lundi	*Paris* (T).
27 Samedi	*Senlis* (T) (I).	27 Mardi	*Paris*, St-Pol (T) (D).
28 Dimanche	*Senlis* (I).	28 Mercredi	*Paris*, Louvre (G) (D).
29 Lundi	*Senlis* (I) (D).	29 Jeudi	*Paris*, Louvre (G) (D).
30 Mardi	*Senlis* (I).	30 Vendredi	
31 Mercredi	*Senlis* (I) (D).		

DÉCEMBRE			
1 Samedi	*Paris* (D).	16 Dimanche	*Paris* (T).
2 Dimanche	*Paris* (T).	17 Lundi	
3 Lundi		18 Mardi	
4 Mardi	*Paris* (T).	19 Mercredi	
5 Mercredi		20 Jeudi	
6 Jeudi		21 Vendredi	*Paris* (T).
7 Vendredi	*Paris*, Louvre (T).	22 Samedi	*Paris* (T).
8 Samedi	*Paris* (O).	23 Dimanche	*Paris*.
9 Dimanche	*Paris*, Louvre (T)(D).	24 Lundi	
10 Lundi		25 Mardi	
11 Mardi	*Paris* (T).	26 Mercredi	
12 Mercredi	*Paris* (T) Louvre (G) (D).	27 Jeudi	*Paris*, Louvre (T).
13 Jeudi	*Paris* (T) Louvre (G).	28 Vendredi	
14 Vendredi		29 Samedi	*Paris*[2].
15 Samedi		30 Dimanche	
		31 Lundi	*Paris* (T) (G) (D).

1. Le Conseil est à Saint-Denys. — 2. Louvre (T) (O) (D).

1376 — PAQUES, 13 avril.

JANVIER		FÉVRIER[1]	
1 Mardi		1 Vendredi	*Paris* (T).
2 Mercredi	*Paris* (D).	2 Samedi	
3 Jeudi		3 Dimanche	*Paris* (T) (O).
4 Vendredi	*Paris* (G) (D).	4 Lundi	*Paris* (G).
5 Samedi		5 Mardi	
6 Dimanche	*Paris* (T) (D).	6 Mercredi	*Paris* (G) (D).
7 Lundi		7 Jeudi	*Paris* (T).
8 Mardi		8 Vendredi	*Paris* (T).
9 Mercredi	*Paris* (T).	9 Samedi	*Paris*, St-Pol (G)(D).
10 Jeudi	*Paris* (T) (O).	10 Dimanche	*Paris* (T).
11 Vendredi	*Paris*, h. St-Pol (D).	11 Lundi	
12 Samedi		12 Mardi	*Paris* (D).
13 Dimanche		13 Mercredi	*Paris* (T).
14 Lundi		14 Jeudi	*Paris* (D).
15 Mardi	*Paris*, Louvre.	15 Vendredi	*Paris* (D).
16 Mercredi	*Senlis* (T) (G).	16 Samedi	*Paris* (D).
17 Jeudi		17 Dimanche	*Paris* (A.O) (T) (O).
18 Vendredi		18 Lundi	
19 Samedi	*Paris* (T).	19 Mardi	*Vincennes* (T).
20 Dimanche	*Paris* (O).	20 Mercredi	*Vincennes* (T) (D) *Paris* (A.O).
21 Lundi		21 Jeudi	*Vincennes* (G).
22 Mardi		22 Vendredi	*Vincennes* (G) (D) *Paris* (G) (D).
23 Mercredi		23 Samedi	*Vincennes* (T).
24 Jeudi	*Paris*, S-Pol (T)(P).	24 Dimanche	
25 Vendredi	*Paris*, St-Pol (T)(D).	25 Lundi	
26 Samedi		26 Mardi	
27 Dimanche		27 Mercredi	*Paris*, hôtel St-Pol (T)
28 Lundi	*Paris* (T).	28 Jeudi	*Paris* (T).
29 Mardi	*Paris* (P).	29 Vendredi	*Paris* (T), St-Pol.
30 Mercredi	*Paris* (T).		
31 Jeudi			

MARS			
1 Samedi	*Paris* (T).	16 Dimanche	
2 Dimanche	*Paris*, hôtel St-Pol (D)	17 Lundi	*Maubuisson* (T).
3 Lundi	*Paris* (G) (D).	18 Mardi	*Maubuisson* (T).
4 Mardi	*Paris* (G).	19 Mercredi	
5 Mercredi		20 Jeudi	*Vernon* (D)[2].
6 Jeudi	*Paris* (T) (D).	21 Vendredi	
7 Vendredi	*Paris* (A.O).	22 Samedi	
8 Samedi	*Saint-Denys* (T).	23 Dimanche	
9 Dimanche		24 Lundi	
10 Lundi		25 Mardi	
11 Mardi	*Gouvieux* (T).	26 Mercredi	
12 Mercredi		27 Jeudi	
13 Jeudi	Host. de Gouvieux (T)	28 Vendredi	*Vincennes* (T)(P)(D)[3]
14 Vendredi	Hospitio nostro stanni de Gouvieux (T).	29 Samedi	*Vincennes* (D)[4]
15 Samedi	*Ab. de Royaumont* (T)	30 Dimanche	
		31 Lundi	

1. Lagny-sur-Marne (D). — 2. Mantes (D). — 3. Paris (T). — 4. Paris, Saint-Pol (T).

1376 — PAQUES, 13 avril.

AVRIL

1 Mardi	*Vincennes* (T).
2 Mercredi	*Paris*, hôtel St-Pol (D).
3 Jeudi	
4 Vendredi	
5 Samedi	
6 Dimanche	*Paris* (G).
7 Lundi	*Paris* (T).
8 Mardi	*Paris* (T).
9 Mercredi	*Paris*, St-Pol (T)(O)(I).
10 Jeudi	*Paris* (I).
11 Vendredi	*Paris* (G) (I) (D).
12 Samedi	*Paris* (I).
13 Dimanche	Pâques. *Paris* (I).
14 Lundi	*Paris* (I).
15 Mardi	*Paris* (I).
16 Mercredi	*Paris*, Louvre (T) (I).
17 Jeudi	*Paris* (T) (I).
18 Vendredi	*Paris* (I).
19 Samedi	*Paris*, Louvre (T) (G) (I) (D).
20 Dimanche	*Paris* (I).
21 Lundi	*Paris* (I).
22 Mardi	*Paris* (O) (P) (I).
23 Mercredi	*Paris* (G) (I) (D).
24 Jeudi	
25 Vendredi	*Paris*, Louvre (T)(D).
26 Samedi	*Paris* (T) (D).
27 Dimanche	
28 Lundi	
29 Mardi	*Paris* (T).
30 Mercredi	*Paris* (T).

MAI

1 Jeudi	
2 Vendredi	
3 Samedi	*Paris* (T).
4 Dimanche	*Vincennes* (T).
5 Lundi	*Paris* (O).
6 Mardi	
7 Mercredi	
8 Jeudi	*Paris* (T).
9 Vendredi	*Bois de Vincennes* (D) *Paris* (T) (O).
10 Samedi	*Vincennes* (T).
11 Dimanche	
12 Lundi	
13 Mardi	
14 Mercredi	
15 Jeudi	*Paris* (D).
16 Vendredi	*Vincennes* (T)(O).
17 Samedi	
18 Dimanche	*Vincennes* (T)(G)(D).
19 Lundi	
20 Mardi	*Paris* (D).
21 Mercredi	*Paris* (D).
22 Jeudi	
23 Vendredi	
24 Samedi	
25 Dimanche	
26 Lundi	*Vincennes* (T).
27 Mardi	*Paris*, en nostre chapelle (G).
28 Mercredi	
29 Jeudi	
30 Vendredi	*Beauté-s-Marne* (T).
31 Samedi	*Paris* (T).

JUIN

1 Dimanche	
2 Lundi	*Paris* (T).
3 Mardi	
4 Mercredi	
5 Jeudi	*Paris*, hôtel St-Pol (D).
6 Vendredi	*Paris*, St-Pol (T)(D).
7 Samedi	
8 Dimanche	*Paris* (D).
9 Lundi	
10 Mardi	
11 Mercredi	*Paris* (D).
12 Jeudi	
13 Vendredi	*Vincennes* (T) (G).
14 Samedi	*Vincennes* (T) (D).
15 Dimanche	*Paris* (D).
16 Lundi	
17 Mardi	*Vincennes* (D).
18 Mercredi	*Paris* (D).
19 Jeudi	
20 Vendredi	*Paris* (T).
21 Samedi	*Vincennes* (T).
22 Dimanche	
23 Lundi	
24 Mardi	*Vincennes* (T) (D).
25 Mercredi	*Paris* (D) [1].
26 Jeudi	*Paris* (T) *Villeneuve-saint-Georges* (T).
27 Vendredi	Au *Val Cocatrix* (I)
28 Samedi	Au *Val la Reyne* (I) au *Val Cocatrix* (D).
29 Dimanche	
30 Lundi	*Melun* (I).

1. Vincennes (T).

1376 — PAQUES, 13 avril.

JUILLET[1]		AOUT	
1 Mardi	*Melun* (I).	1 Vendredi	*Châteauneuf-sur-Loire* (G).
2 Mercredi	*Melun* (I) (D).	2 Samedi	*Châteauneuf-sur-Loire* (T).
3 Jeudi	*Melun* (T) (I).	3 Dimanche	
4 Vendredi	*Melun* (D) (T). Au *Vivier* (I).	4 Lundi	*Montargis* (D).
5 Samedi	*Melun* (I).	5 Mardi	*Montargis* (T).
6 Dimanche	*Melun* (I).	6 Mercredi	
7 Lundi	*Melun* (T)(G)(I)(D).	7 Jeudi	
8 Mardi		8 Vendredi	*Châtel de Nemours*(T)
9 Mercredi		9 Samedi	
10 Jeudi	*Bellegarde*.	10 Dimanche	
11 Vendredi	*Châtel de Nemours*(T)	11 Lundi	
12 Samedi		12 Mardi	
13 Dimanche		13 Mercredi	
14 Lundi	*Montargis* (T).	14 Jeudi	*Paris*, St-Pol (G)(D).
15 Mardi	*Montargis* (T).	15 Vendredi	
16 Mercredi		16 Samedi	
17 Jeudi		17 Dimanche	
18 Vendredi		18 Lundi	
19 Samedi		19 Mardi	*Paris* (G).
20 Dimanche		20 Mercredi	*Paris* (D).
21 Lundi		21 Jeudi	
22 Mardi	*Orléans* (T).	22 Vendredi	*Vincennes* (T) (D).
23 Mercredi	*Orléans* (T).	23 Samedi	
24 Jeudi	*Orléans* (T).	24 Dimanche	
25 Vendredi	*Orléans* (T).	25 Lundi	
26 Samedi	*Orléans* (G).	26 Mardi	*Vincennes* (T).
27 Dimanche		27 Mercredi	*Paris* (O).
28 Lundi		28 Jeudi	
29 Mardi		29 Vendredi	*Vincennes* (T).
30 Mercredi		30 Samedi	
31 Jeudi	*Châteauneuf-sur-Loire* (T) (G).	31 Dimanche	*Vincennes* (D).

SEPTEMBRE			
1 Lundi	*Vincennes* (T).	17 Mercredi	
2 Mardi	*Paris* (T).	18 Jeudi	
3 Mercredi	*Vincennes* (D).	19 Vendredi	*Hostel de la chauciée de Gouvieux* (T).
4 Jeudi		20 Samedi	
5 Vendredi		21 Dimanche	
6 Samedi		22 Lundi	
7 Dimanche		23 Mardi	Ab. de *Royaumont* (T)
8 Lundi	*Vincennes* (T).	24 Mercredi	Abb. de *Maubuisson* (I).
9 Mardi	*Vincennes* (T).	25 Jeudi	*Saint-Denys* (I).
10 Mercredi		26 Vendredi	*Bois de Vincennes*(I)
11 Jeudi		27 Samedi	*Vincennes* (I) (D).
12 Vendredi		28 Dimanche	*Vincennes* (I).
13 Samedi	*Maubuisson* (T).	29 Lundi	*Vincennes*(I) *Paris*(D)
14 Dimanche		30 Mardi	
15 Lundi			
16 Mardi	*Gouvieux* (T).		

1. Soisy-en-Leiges.

1876 — PAQUES, 18 avril.

OCTOBRE[1]

1	Mercredi	
2	Jeudi	*Vincennes* (D).
3	Vendredi	*Vincennes* (T).
4	Samedi	*Vincennes* (T).
5	Dimanche	
6	Lundi	*Vincennes* (D).
7	Mardi	*Vincennes* (G).
8	Mercredi	*Paris* (T).
9	Jeudi	
10	Vendredi	
11	Samedi	
12	Dimanche	*Crécy-en-Brie* (G).
13	Lundi	*Crécy-en-Brie* (T).
14	Mardi	
15	Mercredi	*Crécy-en-Brie* (G).
16	Jeudi	
17	Vendredi	*Crécy-en-Brie* (D).
18	Samedi	
19	Dimanche	*Crécy-en-Brie* (T).
20	Lundi	
21	Mardi	
22	Mercredi	
23	Jeudi	
24	Vendredi	
25	Samedi	
26	Dimanche	
27	Lundi	
28	Mardi	*Reims* (T).
29	Mercredi	
30	Jeudi	
31	Vendredi	*Château-Thierry* (T).

NOVEMBRE[1]

1	Samedi	*Château-Thierry* (T).
2	Dimanche	*Château-Thierry* (G).
3	Lundi	*Château-Thierry* (P).
4	Mardi	
5	Mercredi	*Château-Thierry* (D).
6	Jeudi	*Château-Thierry* (T).
7	Vendredi	
8	Samedi	*Lisy.*
9	Dimanche	
10	Lundi	*Melun* (T).
11	Mardi	*Melun* (T) (D).
12	Mercredi	
13	Jeudi	*Melun* (D)(T)(G) *Lisy* (G).
14	Vendredi	
15	Samedi	
16	Dimanche	
17	Lundi	*Vincennes* (D).
18	Mardi	*Paris* (D) Louvre (G).
19	Mercredi	
20	Jeudi	*Paris*, Louvre (T) (O) (D).
21	Vendredi	*Paris* (T).
22	Samedi	*Vincennes* (T).
23	Dimanche	*Vincennes* (G) (D)
24	Lundi	*Vincennes* (T) (G).
25	Mardi	*Vincennes* (T).
26	Mercredi	
27	Jeudi	
28	Vendredi	*Paris* (D).
29	Samedi	*Paris* (G).
30	Dimanche	*Paris* (G) (D).

DÉCEMBRE

Jour		Lieu	Jour		Lieu
1	Lundi	*Paris* (T).	16	Mardi	*Paris*, St-Pol (T)(D).
2	Mardi	*Paris* (T).	17	Mercredi	*Paris*, St-Pol (T).
3	Mercredi		18	Jeudi	*Paris* (T).
4	Jeudi	*Paris* (G).	19	Vendredi	*Vincennes* (T).
5	Vendredi	*Paris*, hôtel St-Pol (G)(D).	20	Samedi	*Paris* (T).
6	Samedi		21	Dimanche	
7	Dimanche	*Paris* (D).	22	Lundi	*Paris* (T).
8	Lundi	*Paris*, St-Pol (T).	23	Mardi	*Paris*, Louvre (D).
9	Mardi		24	Mercredi	
10	Mercredi	*Melun* (D).	25	Jeudi	
11	Jeudi		26	Vendredi	
12	Vendredi	*Melun* (D).	27	Samedi	
13	Samedi		28	Dimanche	*Paris*, Louvre (G).
14	Dimanche		29	Lundi	
15	Lundi	*Paris* (G) (D).	30	Mardi	*Paris* (D).
			31	Mercredi	*Paris* (T).

1. Lagny en octobre.

1377 — PAQUES, 29 mars.

JANVIER		FÉVRIER	
1 Jeudi		1 Dimanche	*Paris* (I).
2 Vendredi	*Paris* (T).	2 Lundi	*Paris*, Louvre (T) (D).
3 Samedi	*Paris* (T) (D).	3 Mardi	*Paris* (T) (I) (D).
4 Dimanche	*Paris* (G).	4 Mercredi	*Saint-Denys* (I) *Paris* (T) (D).
5 Lundi	*Paris* (D).	5 Jeudi	*Saint-Denys* (T) (D).
6 Mardi	*Paris* (G).	6 Vendredi	*Paris* (D).
7 Mercredi		7 Samedi	
8 Jeudi	*Paris* (G) (D).	8 Dimanche	
9 Vendredi	*Paris* (T) (D).	9 Lundi	
10 Samedi	*Paris* (D).	10 Mardi	*St-Germain-en-Laye* (T) (D).
11 Dimanche	*Paris*, Louvre (T) (D).	11 Mercredi	
12 Lundi	*Paris* (D).	12 Jeudi	
13 Mardi	*Vincennes* (G) (D).	13 Vendredi	
14 Mercredi		14 Samedi	*St-Germain-en-Laye* (T).
15 Jeudi	*Paris* (G) (D).	15 Dimanche	*Mantes* (T).
16 Vendredi		16 Lundi	*Paris* (G) (D).
17 Samedi	*Paris* (D).	17 Mardi	
18 Dimanche	*Paris* (I).	18 Mercredi	*Paris*, Louvre (D).
19 Lundi	*Paris* (T) (I).	19 Jeudi	*Paris* (D).
20 Mardi	*Paris* (T) (I).	20 Vendredi	*Paris* (T) (D).
21 Mercredi	*Paris* (I).	21 Samedi	*Paris* (G) (D).
22 Jeudi	*Paris* (I).	22 Dimanche	
23 Vendredi	*Paris* (G) (I).	23 Lundi	*Paris* (D).
24 Samedi	*Paris*, Louvre (T) (G) (I) (D).	24 Mardi	*Paris* (T) (P) (G).
25 Dimanche	*Paris* (I).	25 Mercredi	*Paris* (D).
26 Lundi	*Paris*, Louvre (T) (I) (D).	26 Jeudi	*Paris*, Louvre (T).
27 Mardi	*Paris* (G) (I) (D).	27 Vendredi	*Paris* (T).
28 Mercredi	*Paris* (I).	28 Samedi	*Paris* (T) (D).
29 Jeudi	*Paris* (I).		
30 Vendredi	*Paris*, Louvre (T) (I).		
31 Samedi	*Paris* (I).		

MARS			
1 Dimanche		16 Lundi	*Paris* (D).
2 Lundi	*Paris* (G).	17 Mardi	*Paris* (T).
3 Mardi	*Paris* (D).	18 Mercredi	*Paris* (T).
4 Mercredi	*Paris* (O) (D).	19 Jeudi	
5 Jeudi		20 Vendredi	*Paris* (G).
6 Vendredi	*Paris* [1].	21 Samedi	*Paris*, Louvre (T).
7 Samedi	*Paris* [2].	22 Dimanche	
8 Dimanche	*Paris* (T) (D).	23 Lundi	*Paris* (T).
9 Lundi		24 Mardi	*Paris* (T) (G).
10 Mardi	*Paris* (T).	25 Mercredi	*Paris* (T).
11 Mercredi		26 Jeudi	
12 Jeudi		27 Vendredi	*Paris*, Louvre (T).
13 Vendredi	*Paris* (T) (D) *Vincennes* (T) (D).	28 Samedi	*Paris* (T).
14 Samedi	*Paris* (T).	29 Dimanche	Pâques.
15 Dimanche	*Vincennes* (D).	30 Lundi	Hôtel de Gouvieux (G)
		31 Mardi	*Senlis* (G).

1. Louvre (T) (G) (D). — 2. Louvre (T) (D).

1377 — PAQUES, 29 mars.

AVRIL

1	Mercredi	
2	Jeudi	
3	Vendredi	*Vincennes* (D).
4	Samedi	*Vincennes* (D).
5	Dimanche	
6	Lundi	
7	Mardi	*Paris* (A.O) *Vincennes* (D).
8	Mercredi	
9	Jeudi	*Paris* (T).
10	Vendredi	*Vincennes* (D).
11	Samedi	*Paris* (G).
12	Dimanche	
13	Lundi	*Vincennes* (D).
14	Mardi	*Paris* (T) (G) *Vincennes* (G).
15	Mercredi	*Paris* (G).
16	Jeudi	*Paris*(T) *Vincennes*(T)
17	Vendredi	
18	Samedi	*Vincennes* (G) (D).
19	Dimanche	*Paris* (G).
20	Lundi	
21	Mardi	
22	Mercredi	
23	Jeudi	
24	Vendredi	*Beauté-s-Marne* (G) (D) *Vincennes* (T).
25	Samedi	
26	Dimanche	Au *Val Cocatrix* (G)(D)
27	Lundi	Au *Val Cocatrix* (G).
28	Mardi	*Brie-Comte-Robert.*
29	Mercredi	*Brie-Cte-Robert* (T).
30	Jeudi	

MAI[1]

1	Vendredi	
2	Samedi	*Paris* (D).
3	Dimanche	*Vincennes* (G).
4	Lundi	
5	Mardi	*Paris* (T).
6	Mercredi	*Paris* (A.O) (D)[2].
7	Jeudi	
8	Vendredi	*Vernon* (G).
9	Samedi	*Louviers* (T).
10	Dimanche	
11	Lundi	
12	Mardi	*Rouen* (G).
13	Mercredi	*Sainte-Catherine-près-Rouen* (G)(D).
14	Jeudi	
15	Vendredi	
16	Samedi	*Maubuisson-lez-Pontoise* (T).
17	Dimanche	
18	Lundi.	Hôtel de Gouvieux(G)
19	Mardi	*Creil* (G) (D)[3].
20	Mercredi	*Paris.*
21	Jeudi	
22	Vendredi	*Paris* (G).
23	Samedi	*Paris* (D).
24	Dimanche	*Paris*[4].
25	Lundi	
26	Mardi	*Vincennes* (A.O)[5].
27	Mercredi	
28	Jeudi	*Paris*, Louvre (G)(D).
29	Vendredi	*Paris*[6].
30	Samedi	*Paris* (T) (G) (D).
31	Dimanche	

JUIN

1	Lundi	*Paris* (D).
2	Mardi	*Beauté-s-Marne* (T).
3	Mercredi	
4	Jeudi	
5	Vendredi	
6	Samedi	*Vincennes* (G).
7	Dimanche	
8	Lundi	*Vincennes* (D).
9	Mardi	*Vincennes* (T).
10	Mercredi	*Vincennes* (G).
11	Jeudi	*Vincennes* (T)(G)(D)
12	Vendredi	*Vincennes* (G) (D).
13	Samedi	
14	Dimanche	
15	Lundi	
16	Mardi	*Paris* (A.O).
17	Mercredi	
18	Jeudi	
19	Vendredi	
20	Samedi	
21	Dimanche	*Beauté-s-Marne* (G).
22	Lundi	
23	Mardi	
24	Mercredi	*Paris* (T), *Vincennes* (G).
25	Jeudi	*Vincennes* (D).
26	Vendredi	*Vincennes* (T) (G).
27	Samedi	*Vincennes* (O).
28	Dimanche	*Vincennes* (T).
29	Lundi	*Montreuil* près *Vincennes* (G).
30	Mardi	*Vincennes* (T)(G)(D).

1. Le conseil à Amiens, Boulogne en mai. — 2. Saint-Denys (D). — 3. Gouvieux (T). — 4. Pièces fugit. (T) (D). — 5. Paris (T) (G). — 6. Louvre (T) (O) (D).

1377 — PAQUES, 29 mars.

JUILLET		
1	Mercredi	*Vincennes* (T)(G)(D)
2	Jeudi	*Vincennes* (G) (D).
3	Vendredi	*Vincennes* (T).
4	Samedi	*Vincennes* (T)(G)(D).
5	Dimanche	
6	Lundi	
7	Mardi	*Paris* (T) (G).
8	Mercredi	*Paris* [1].
9	Jeudi	*Saint-Denys* (T).
10	Vendredi	*Paris* (G).
11	Samedi	
12	Dimanche	*Saint-Germain-en-Laye* (G) (D).
13	Lundi	*Saint-Germain-en-Laye* (T) (D).
14	Mardi	*Paris* (D).
15	Mercredi	*Paris* (G).
16	Jeudi	*Creil* (G) (D) [2].
17	Vendredi	*Senlis* (T).
18	Samedi	*Senlis* (G) (D).
19	Dimanche	*Senlis* (T).
20	Lundi	
21	Mardi	*Senlis* (G) (D).
22	Mercredi	*Senlis* (T) (G) (D).
23	Jeudi	*Senlis* (G) (D).
24	Vendredi	*Senlis* (G) (D).
25	Samedi	*Senlis* (G).
26	Dimanche	
27	Lundi	
28	Mardi	*Senlis* (T) (D).
29	Mercredi	
30	Jeudi	*Senlis* (G).
31	Vendredi	*Senlis* (G) (D).

AOUT		
1	Samedi	
2	Dimanche	*Compiègne* (D).
3	Lundi	*Compiègne* (G) (D).
4	Mardi	*Compiègne* (T) (G).
5	Mercredi	
6	Jeudi	*Compiègne* (T).
7	Vendredi	*Compiègne* (T) (D).
8	Samedi	*Verberie* (T).
9	Dimanche	*Senlis* (G) (D).
10	Lundi	*Senlis* (D).
11	Mardi	*Senlis* (G) (D) [3].
12	Mercredi	
13	Jeudi	*Val Nostre-Dame* (G)
14	Vendredi	*Maubuisson* (T)(G)(D)
15	Samedi	*Maubuisson* (D).
16	Dimanche	*Maubuisson* (G) [4].
17	Lundi	
18	Mardi	
19	Mercredi	*St-Germ.-en-Laye* (D)
20	Jeudi	*St-Germ.-en-Laye* (T) (G) (D).
21	Vendredi	*Paris* (G) (D) [5].
22	Samedi	*Paris* (G).
23	Dimanche	*Paris* (D) (G).
24	Lundi	
25	Mardi	
26	Mercredi	*Beauté-s-Marne* (G).
27	Jeudi	
28	Vendredi	*Vincennes* (G) (D).
29	Samedi	
30	Dimanche	
31	Lundi	*Beauté-s-Marne* (G) (D).

SEPTEMBRE		
1	Mardi	
2	Mercredi	*Vincennes* (G).
3	Jeudi	*Vincennes* (T) (D).
4	Vendredi	*Vincennes* (T)(G)(D)
5	Samedi	*Paris* (T), *Beauté* (G).
6	Dimanche	
7	Lundi	*Soisy* (G).
8	Mardi	*Soisy* (T).
9	Mercredi	*Melun* (G) (D).
10	Jeudi	*Melun* (G) (D).
11	Vendredi	*Melun* (T).
12	Samedi	*Melun* (T) (G) (D).
13	Dimanche	
14	Lundi	*Melun* (T) (G).
15	Mardi	*Melun* (D).
16	Mercredi	*Melun* (G) (D).
17	Jeudi	
18	Vendredi	
19	Samedi	*Melun* (T).
20	Dimanche	*Melun* (G).
21	Lundi	*Melun* (G) (D).
22	Mardi	*Melun* (G) (D).
23	Mercredi	*Melun* (T) (D).
24	Jeudi	*Melun* (G) (D).
25	Vendredi	*Melun* (T) (G) (D).
26	Samedi	
27	Dimanche	
28	Lundi	*Montargis* (T).
29	Mardi	*Montargis* (G) (D).
30	Mercredi	*Montargis* (G).

1. Hôtel Saint-Pol (T) (G) (D). — 2. Hôtel de Gouvieux (G) (D). — 3. Hôtel de Gouvieux (G). 4. Pontoise (G) (D). — 5. Saint-Denys (T) (G) (D).

1377 — PAQUES, 29 mars.

OCTOBRE		NOVEMBRE	
1 Jeudi		1 Dimanche	*Paris* (D).
2 Vendredi		2 Lundi	*Paris* (G) (D).
3 Samedi	*Milly-en-Gastinois* (T) *Melun* (O).	3 Mardi	
4 Dimanche	*Milly-en-Gastinois* (G) (D).	4 Mercredi	*Paris* (T) (G) (D).
		5 Jeudi	
		6 Vendredi	*Vincennes* (G) (D).
5 Lundi		7 Samedi	*Vincennes* (G) (D).
6 Mardi		8 Dimanche	
7 Mercredi	*Paris* (G) (D).	9 Lundi	
8 Jeudi	*Paris*, St-Pol (G).	10 Mardi	
9 Vendredi		11 Mercredi	*Vincennes* (T) (D) *Paris* (G).
10 Samedi	*Vincennes* (T) (G) (D).		
11 Dimanche		12 Jeudi	
12 Lundi	*Vincennes* (T).	13 Vendredi	
13 Mardi	*Beauté-s-M.* (G) (D).	14 Samedi	*Vincennes* (G) (T) (D) *Paris* (D).
14 Mercredi	*Beauté* (T) (G) (D) [1].		
15 Jeudi	*Beauté-s-Marne* (G).	15 Dimanche	*Vincennes* (G).
16 Vendredi	*Vincennes* (D).	16 Lundi	*Vincennes* (D).
17 Samedi	*Vincennes* (T) (G) (D).	17 Mardi	*Vincennes* (G).
18 Dimanche		18 Mercredi	*Vincennes* (T) (G) (D).
19 Lundi	*Vincennes* (G) (D).	19 Jeudi	*Vincennes* (G) (D).
20 Mardi	*Vincennes* (T) (G) (D).	20 Vendredi	*Vincennes* (T).
21 Mercredi	*Vincennes* (G) (D).	21 Samedi	*Paris* (G) (D).
22 Jeudi		22 Dimanche	*Paris*, hôtel St-Pol (T)
23 Vendredi		23 Lundi	*Vincennes* (G) (D).
24 Samedi	*Vincennes* (T).	24 Mardi	*Vincennes* (G) (D).
25 Dimanche		25 Mercredi	*Vincennes* (D).
26 Lundi	*Beauté-s-Marne* (G).	26 Jeudi	*Vincennes* (G) (D).
27 Mardi	*Paris* (D).	27 Vendredi	
28 Mercredi	*Beauté-s-M.* (G) (D).	28 Samedi	*Paris* (T), St-Pol (G) (D).
29 Jeudi	*Paris* (T).		
30 Vendredi	*Paris* (G) (D).	29 Dimanche	*Paris* (T) (G).
31 Samedi	*Paris* (G) (D).	30 Lundi	*Vincennes* (T).

DÉCEMBRE			
1 Mardi		16 Mercredi	*Paris* [3].
2 Mercredi	*Vincennes* (G) (D).	17 Jeudi	*Paris* (T).
3 Jeudi	*Vincennes* (T) (O).	18 Vendredi	*Paris* (G) (D).
4 Vendredi	*Vincennes* (G) (D).	19 Samedi	
5 Samedi	*Vincennes* (G) (D).	20 Dimanche	*Paris* [4].
6 Dimanche	*Paris* (D) *Vincennes* (T).	21 Lundi	*Paris*.
		22 Mardi	
7 Lundi	*Paris*, Louvre (D).	23 Mercredi	*Paris* [5].
8 Mardi	*Paris* (G) (D).	24 Jeudi	*Paris* (G).
9 Mercredi	*Paris* (T).	25 Vendredi	
10 Jeudi	*Paris* (T).	26 Samedi	*Paris* (T).
11 Vendredi	*Paris* [2].	27 Dimanche	*Paris* (G) (D).
12 Samedi	*Paris* (G), St-Pol (G).	28 Lundi	*Paris* (T) (G) (D).
13 Dimanche	*Paris* (G) (D).	29 Mardi	*Paris* (T).
14 Lundi		30 Mercredi	*Paris*.
15 Mardi	*Paris* (G).	31 Jeudi	*Paris* (G) (D).

1. Vincennes (T) (D). — 2. Louvre (T) (G) (D). — 3. Louvre (T) (O) (G) (D). — 4. Louvre (T) (G) (D). — 5. Louvre (G) (D).

1878 — PAQUES, 18 avril.

JANVIER		FÉVRIER	
1 Vendredi	*Paris* (D).	1 Lundi	*Paris* (G) *Louvre* (G) (D).
2 Samedi		2 Mardi	
3 Dimanche	*Paris*, Louvre (G)(D).	3 Mercredi	*Paris* (T) (G) (D).
4 Lundi	*Paris*, Louvre (T).	4 Jeudi	*Paris* (G) (D).
5 Mardi	*Paris*.	5 Vendredi	*Paris* (G) (D).
6 Mercredi	*Paris*.	6 Samedi	*Vincennes* (G) (D).
7 Jeudi		7 Dimanche	
8 Vendredi	*Paris*, Louvre (T)(G) (D).	8 Lundi	
9 Samedi	*Paris* (T).	9 Mardi	
10 Dimanche	*Paris* (G) (D).	10 Mercredi	
11 Lundi	*Vincennes* (D).	11 Jeudi	
12 Mardi	*Vincennes* (G) (D).	12 Vendredi	
13 Mercredi	*Vincennes* (D) *Paris* (D).	13 Samedi	*Vincennes* (D).
14 Jeudi		14 Dimanche	
15 Vendredi	*Vincennes* (T)(G)(D).	15 Lundi	
16 Samedi		16 Mardi	
17 Dimanche		17 Mercredi	
18 Lundi	*Paris*, St-Pol (G)(D).	18 Jeudi	*Paris* (T).
19 Mardi		19 Vendredi	*Vincennes* (G) (D).
20 Mercredi	*Paris* [1].	20 Samedi	*Vincennes* (D).
21 Jeudi	*Paris* [2].	21 Dimanche	
22 Vendredi	*Paris*, Louvre(G)(D).	22 Lundi	*Vincennes* (G) (D).
23 Samedi	*Paris*, Louvre (T).	23 Mardi	*Beauté-sur-Marne* (G) (D).
24 Dimanche		24 Mercredi	
25 Lundi	*Paris* (G) (D).	25 Jeudi	
26 Mardi	*Paris*, Louvre (G)(D).	26 Vendredi	*Beauté-sur-Marne* (G).
27 Mercredi	*Paris* (T) (G) (D).	27 Samedi	
28 Jeudi	*Paris* (G).	28 Dimanche	*Beauté-sur-Marne* (T).
29 Vendredi	*Paris*, Louvre (T)(D).		
30 Samedi			
31 Dimanche	*Paris* (G).		

MARS			
1 Lundi		16 Mardi	
2 Mardi	*Vincennes* (G) [3].	17 Mercredi	
3 Mercredi		18 Jeudi	*Melun* (T) (G) (D).
4 Jeudi	*Beauté-sur-Marne* (G) (D).	19 Vendredi	*Melun* (G) (D).
5 Vendredi	*Paris*.	20 Samedi	*Melun* (T) (G).
6 Samedi		21 Dimanche	
7 Dimanche		22 Lundi	*Crécy-en-Brie*(T)(G) [4].
8 Lundi	*Val Cocatrix*(T)(G)(D)	23 Mardi	
9 Mardi		24 Mercredi	*Chailly-en-Bière*.
10 Mercredi	*Melun* (G) (D).	25 Jeudi	
11 Jeudi	*Melun* (G) (D).	26 Vendredi	
12 Vendredi	*Melun* (G) (D).	27 Samedi	*Senlis* (G) (D).
13 Samedi		28 Dimanche	*Senlis* (T) (G) (D).
14 Dimanche	*Melun* (G) (D).	29 Lundi	*Senlis* (D).
15 Lundi		30 Mardi	*Senlis* (T) (D) [5].
		31 Mercredi	*Gouvieux* (T) [6].

1. Saint-Pol (T) (G) (D). — 2. Saint-Pol (T) (G) (D). — 3. Beauté-sur-Marne (G) (D). — 4. Senlis (G). — 5. Gouvieux (T) (D). — 6. Creil (T).

1878 — PAQUES, 18 avril.

AVRIL		MAI	
1 Jeudi		1 Samedi	*Paris*, Louvre (D).
2 Vendredi		2 Dimanche	*Paris* (G).
3 Samedi	*Senlis* (G).	3 Lundi	
4 Dimanche	*Senlis* (T).	4 Mardi	*Paris* (G) (D).
5 Lundi		5 Mercredi	
6 Mardi	*Senlis* (G) (D).	6 Jeudi	
7 Mercredi		7 Vendredi	*Paris* (D).
8 Jeudi	*Senlis* (G) (D).	8 Samedi	*Paris* (G).
9 Vendredi		9 Dimanche	*Paris* (G).
10 Samedi	*Paris* (D).	10 Lundi	
11 Dimanche	*Paris*, Louvre (G) (D).	11 Mardi	*Paris* (T) (G) (D.
12 Lundi		12 Mercredi	*Paris* (T) (G) (D).
13 Mardi	*Paris* (D).	13 Jeudi	*Paris* (T).
14 Mercredi	*Paris* (D).	14 Vendredi	*Paris* (D).
15 Jeudi	*Paris* (T).	15 Samedi	*Paris* (T) (G) (D).
16 Vendredi		16 Dimanche	*Paris* (T).
17 Samedi	*Paris* (T) (D).	17 Lundi	*Paris* (T).
18 Dimanche	Pâques.	18 Mardi	*Paris* (D).
19 Lundi		19 Mercredi	*Paris* (T) (G) (D).
20 Mardi		20 Jeudi	*Paris* (G) (D).
21 Mercredi	*Paris*, Louvre (G).	21 Vendredi	
22 Jeudi		22 Samedi	*Beauté-s.-Marne* (G) (D).
23 Vendredi	*Paris* (T).	23 Dimanche	
24 Samedi	*Paris* (T) (G) (D).	24 Lundi	*Paris* (T).
25 Dimanche	*Paris* (T).	25 Mardi	*Vincennes*(D)*Paris*(D).
26 Lundi	*Paris* (G) (D).	26 Mercredi	*Vincennes* (T)(G)(D). *Paris* (T).
27 Mardi	*Paris* (G) (D).	27 Jeudi	*Vincennes* (G).
28 Mercredi	*Paris* (G) (D).	28 Vendredi	
29 Jeudi		29 Samedi	
30 Vendredi	*Vincennes* (D).	30 Dimanche	*Paris* (G).
		31 Lundi	*Beauté-s-Marne* (D).

JUIN			
1 Mardi		17 Jeudi	
2 Mercredi	*Paris* (T).	18 Vendredi	*Vincennes* (T).
3 Jeudi	*Vincennes* (G) (D).	19 Samedi	*Vincennes* (T).
4 Vendredi		20 Dimanche	
5 Samedi	*Vincennes* (G).	21 Lundi	*Beauté-s-Marne* (T) (D) *Vincennes* (T).
6 Dimanche			
7 Lundi	*Vincennes* (T).	22 Mardi	
8 Mardi	*Vincennes* (G) (D).	23 Mercredi	*Beauté-s.-Marne* (T).
9 Mercredi		24 Jeudi	
10 Jeudi		25 Vendredi	
11 Vendredi	*Vincennes* (G).	26 Samedi	*Beauté-s-Marne* (T).
12 Samedi	*Vincennes* (G) (D).	27 Dimanche	*Beauté-s-Marne* (T).
13 Dimanche		28 Lundi	*Vincennes* (T).
14 Lundi	*Beauté-s-Marne* (G).	29 Mardi	*Paris* (G) (D).
15 Mardi		30 Mercredi	*Vincennes* (T) (D).
16 Mercredi	*Vincennes* (G)[1].		

1. Beauté-sur-Marne (G) (D).

1378 — PAQUES, 18 avril.

JUILLET		AOUT	
1 Jeudi	*Paris* (G)(D) *St-Germain-en-Laye* (T).	1 Dimanche	*Saint-Germain* (T).
2 Vendredi	*Vincennes* (T).	2 Lundi	
3 Samedi	*Paris* (T).	3 Mardi	
4 Dimanche		4 Mercredi	*Saint-Germain* (T).
5 Lundi		5 Jeudi	
6 Mardi	*Paris* (T).	6 Vendredi	
7 Mercredi	*Vincennes* (D) *Paris* (T).	7 Samedi	*St-Germain* (D)(T)(O)
8 Jeudi	*Vincennes* (T).	8 Dimanche	
9 Vendredi		9 Lundi	*St-Germain-en-Laye* (D)[1].
10 Samedi		10 Mardi	
11 Dimanche	*Vincennes* (T) (D).	11 Mercredi	
12 Lundi	*Vincennes* (T) (D).	12 Jeudi	
13 Mardi		13 Vendredi	*Saint-Germain* (T).
14 Mercredi	*Beauté-s-M.* (A.O)(D)	14 Samedi	*Saint-Germain* (T).
15 Jeudi		15 Dimanche	
16 Vendredi	*Beauté-s-Marne* (O).	16 Lundi	
17 Samedi		17 Mardi	
18 Dimanche	*Paris* (T).	18 Mercredi	
19 Lundi		19 Jeudi	*St-Germain* (T)(G)(D)
20 Mardi		20 Vendredi	*Paris* (T).
21 Mercredi	*St-Germ.-en-L.* (T)(D)	21 Samedi	
22 Jeudi	*Saint-Germain* (T)(D)	22 Dimanche	
23 Vendredi		23 Lundi	
24 Samedi	*Saint-Germain* (D).	24 Mardi	*Maubuisson-lez-Pontoise* (T).
25 Dimanche	*St-Germain-en-L.* (T)	25 Mercredi	
26 Lundi		26 Jeudi	*Maubuisson* (T)[2].
27 Mardi		27 Vendredi	
28 Mercredi	*Paris* (pièces fug.)(O)	28 Samedi	
29 Jeudi	*St-Germ.* (A.O)(T)(D)	29 Dimanche	*Paris* (pièces fugit.)?
30 Vendredi	*Saint-Germain* (T)(D)	30 Lundi	
31 Samedi		31 Mardi	

SEPTEMBRE[3]			
1 Mercredi	*Senlis* (T) *Creil* (T).	17 Vendredi	
2 Jeudi	*Senlis* (A.O)(D).	18 Samedi	*Beauté-M.* (T)(D).
3 Vendredi	*Senlis* (T) (G) (D).	19 Dimanche	
4 Samedi		20 Lundi	Eglise N.-D. de Boulongue, emprès *Saint-Clou* (T).
5 Dimanche			
6 Lundi	Hôt. de Gouvieux (T)		
7 Mardi	*Paris* (T) (D).	21 Mardi	
8 Mercredi		22 Mercredi	*Saint-Germain* (T)(D)
9 Jeudi		23 Jeudi	
10 Vendredi		24 Vendredi	
11 Samedi		25 Samedi	
12 Dimanche		26 Dimanche	
13 Lundi	*Paris* (T).	27 Lundi	*Fermecourt* (D).
14 Mardi		28 Mardi	Chast. de *Dreux* (T).
15 Mercredi	*Vincennes* (D)[4].	29 Mercredi	*Dreux* (T).
16 Jeudi	*Paris* (G) (D)[5].	30 Jeudi	

1. Pièces fugitives (T) (O). — 2. Gouvieux (T). — 3. Dreux, par le roi, Melun en septembre. — 4. (D. Plancher) (T). — 5. Vincennes (T).

1378 — PAQUES, 18 avril.

OCTOBRE[1]		NOVEMBRE	
1 Vendredi	*Chartres* (T).	1 Lundi	*Montargis* (T).
2 Samedi		2 Mardi	*Montargis* (T) (O).
3 Dimanche	*Yenville* (T).	3 Mercredi	*Montargis* (T).
4 Lundi		4 Jeudi	
5 Mardi		5 Vendredi	
6 Mercredi		6 Samedi	
7 Jeudi		7 Dimanche	*Paris* (I).
8 Vendredi		8 Lundi	*Paris* (I) *Corbeil* (T).
9 Samedi		9 Mardi	*Paris* (I) *Charenton-sur-Seine* (G)
10 Dimanche	*Orléans* (T).	10 Mercredi	*Paris* (I).
11 Lundi		11 Jeudi	
12 Mardi	*Châteauneuf-s-Loire* (T) (G) (D).	12 Vendredi	*Paris* (T).
13 Mercredi	*Châteauneuf* (D).	13 Samedi	
14 Jeudi		14 Dimanche	
15 Vendredi		15 Lundi	*Vincennes* (T) (O).
16 Samedi	*Châteauneuf-s-L.* (T)	16 Mardi	
17 Dimanche		17 Mercredi	
18 Lundi	[*Paris* (D)] ?	18 Jeudi	*Beauté-s-Marne* (T).
19 Mardi	[*Paris* (O)] ?	19 Vendredi	*Beauté-s-Marne* (T).
20 Mercredi		20 Samedi	
21 Jeudi		21 Dimanche	
22 Vendredi		22 Lundi	
23 Samedi		23 Mardi	
24 Dimanche		24 Mercredi	
25 Lundi		25 Jeudi	
26 Mardi	*Montargis* (T).	26 Vendredi	*Saint-Germain* (O).
27 Mercredi		27 Samedi	
28 Jeudi		28 Dimanche	
29 Vendredi	*Montargis* (G).	29 Lundi	*Saint-Germain* (T).
30 Samedi	*Montargis* (T).	30 Mardi	
31 Dimanche	*Montargis*.		

DÉCEMBRE			
1 Mercredi		17 Vendredi	*Paris* (I).
2 Jeudi		18 Samedi	*Paris* (T) (O) (I) (D).
3 Vendredi	*Saint-Germain* (T).	19 Dimanche	
4 Samedi		20 Lundi	*Paris*, Louvre (T).
5 Dimanche		21 Mardi	*Beauté-s-Marne* (T).
6 Lundi	*Saint-Germain-en-Laye* (T) (D).	22 Mercredi	
7 Mardi		23 Jeudi	*Saint-Germain-en-Laye* (T).
8 Mercredi	*Paris* (I).	24 Vendredi	
9 Jeudi	*Paris* (I).	25 Samedi	*Saint-Germain* (T).
10 Vendredi	*Paris* (I).	26 Dimanche	*Saint-Germain* (T) (D)
11 Samedi	*Paris* (T) (I).	27 Lundi	*Saint-Germain* (T) (G) (D).
12 Dimanche	*Paris* (T) (I).	28 Mardi	*Saint-Germain* (G) (D)
13 Lundi	*Paris* (I).	29 Mercredi	*Saint-Germain* (T).
14 Mardi	*Paris* (I) (D).	30 Jeudi	
15 Mercredi	*Paris* (I).	31 Vendredi	
16 Jeudi	*Paris* (I).		

1. Le conseil à Chartres, Orléans (roi). Abbatia de Columbis (roy). Melun (roy) en octobre.

1379 — PAQUES, 10 avril.

JANVIER	
1 Samedi	*Paris* (A.O).
2 Dimanche	*Paris* (D) [1].
3 Lundi	*Vincennes* (T).
4 Mardi	*Saint-Germain* (T).
5 Mercredi	
6 Jeudi	
7 Vendredi	
8 Samedi	*Saint-Germain* (T).
9 Dimanche	*Saint-Germain* (D).
10 Lundi	*Saint-Germain* (T).
11 Mardi	*Saint-Germain* (T) (G) (D).
12 Mercredi	
13 Jeudi	
14 Vendredi	
15 Samedi	*Paris*(D)*Vincenn.*(T).
16 Dimanche	
17 Lundi	*Paris* (T).
18 Mardi	*Paris* (D).
19 Mercredi	*Paris* (T) (D).
20 Jeudi	*Paris* (T) (D).
21 Vendredi	
22 Samedi	*Vincennes* (T).
23 Dimanche	
24 Lundi	
25 Mardi	
26 Mercredi	
27 Jeudi	*Beauté-s-Marne* (G).
28 Vendredi	*Beauté-s-Marne* (D).
29 Samedi	
30 Dimanche	
31 Lundi	

FÉVRIER [2]	
1 Mardi	*Vincennes* (T) (D).
2 Mercredi	*Vincennes* (T).
3 Jeudi	*Paris* (G), *Vincennes* (T).
4 Vendredi	*Vincennes* (T) (D).
5 Samedi	
6 Dimanche	
7 Lundi	*Saint-Denys* (D).
8 Mardi	*Vincennes* (T).
9 Mercredi	
10 Jeudi	*Vincennes* (G).
11 Vendredi	
12 Samedi	*Paris* (D).
13 Dimanche	*Vincennes* (T) (D).
14 Lundi	*Vincennes* (T).
15 Mardi	
16 Mercredi	
17 Jeudi	*Paris* (G) *Beauté-sur-Marne* (T).
18 Vendredi	
19 Samedi	*Beauté-s-Marne* (O).
20 Dimanche	
21 Lundi	
22 Mardi	*Vincennes* (T).
23 Mercredi	*Vincennes* (D).
24 Jeudi	
25 Vendredi	
26 Samedi	*Paris* (T) (D.)
27 Dimanche	
28 Lundi	*Paris* (pièces fugit.) (O) (G) (D).

MARS	
1 Mardi	
2 Mercredi	*Senlis* (pièces fugitives.) (T)(O)(D).
3 Jeudi	
4 Vendredi	*Senlis* (O) (P).
5 Samedi	
6 Dimanche	
7 Lundi	
8 Mardi	
9 Mercredi	*Senlis* (T).
10 Jeudi	
11 Vendredi	*Senlis* (T) (G) (D).
12 Samedi	
13 Dimanche	
14 Lundi	*Senlis* (T).
15 Mardi	
16 Mercredi	*Senlis* (T).
17 Jeudi	
18 Vendredi	
19 Samedi	
20 Dimanche	
21 Lundi	
22 Mardi	*Compiègne* (T) [3].
23 Mercredi	
24 Jeudi	In villa de *Feulembrayo* (T).
25 Vendredi	
26 Samedi	*Noyon* (T).
27 Dimanche	*Noyon* (T).
28 Lundi	*Chauny-sur-Oise* (T 114, 100).
29 Mardi	*La Fère.*
30 Mercredi	*Noyon* (D).
31 Jeudi	*Compiègne* (T).

1. Vincennes (pièces fugitives). — 2. Beauté en février. — 3. Abbaye d'Ourscamp.

1879 — PAQUES, 10 avril.

AVRIL		MAI	
1 Vendredi		1 Dimanche	
2 Samedi	*Senlis* (T) *Gouvieux* (T).	2 Lundi	
3 Dimanche	*Senlis* (T).	3 Mardi	*Paris*, Louvre (T).
4 Lundi		4 Mercredi	*Paris*, Louvre (T).
5 Mardi		5 Jeudi	
6 Mercredi	*Paris* (T).	6 Vendredi	
7 Jeudi	*Paris* (T).	7 Samedi	
8 Vendredi	*Paris* (T).	8 Dimanche	St-*Germain-en-Laye*.
9 Samedi		9 Lundi	St-*Germain-en-Laye*.
10 Dimanche	Pâques.	10 Mardi	
11 Lundi		11 Mercredi	
12 Mardi	*Paris* (T).	12 Jeudi	
13 Mercredi		13 Vendredi	
14 Jeudi	*Paris* (T).	14 Samedi	
15 Vendredi	*Paris* (T) (G).	15 Dimanche	*Beauté-s.-M.* (I) (D).
16 Samedi		16 Lundi	*Beauté-s.-Marne* (I).
17 Dimanche	*Paris* (T).	17 Mardi	*Paris* (I).
18 Lundi	*Paris* (T) (D).	18 Mercredi	*Paris* (I).
19 Mardi	*Paris* (T) (G) (D).	19 Jeudi	*Paris*(I) *Vincennes*(T)
20 Mercredi	*Paris* (G) (D).	20 Vendredi	*Paris* (I) *Vincennes* (T) (D).
21 Jeudi	*Paris* (G).	21 Samedi	*Paris* (I).
22 Vendredi		22 Dimanche	*Paris* (I).
23 Samedi		23 Lundi	*Paris* (I).
24 Dimanche		24 Mardi	*Paris* (I).
25 Lundi		25 Mercredi	*Paris*(I) *Beauté-sur-Marne* (T).
26 Mardi		26 Jeudi	*Paris* (I).
27 Mercredi		27 Vendredi	*Paris* (I).
28 Jeudi	*Paris* (T).	28 Samedi	*Paris* (I).
29 Vendredi	*Paris* (T).	29 Dimanche	*Paris* (I).
30 Samedi		30 Lundi	*Vincennes* (T).
		31 Mardi	*Vincennes* (T).

JUIN			
1 Mercredi	*Paris* (D) *Vincennes* (T).	15 Mercredi	
2 Jeudi		16 Jeudi	
3 Vendredi	St-*Ouen-lez-Saint-Denys* (T).	17 Vendredi	
4 Samedi		18 Samedi	*Saint-Germain* (G).
5 Dimanche		19 Dimanche	*Saint-Germain* (D).
6 Lundi	St-*Germain*(T)(G)(D)	20 Lundi	
7 Mardi	*Saint-Germain* (T).	21 Mardi	
8 Mercredi		22 Mercredi	
9 Jeudi		23 Jeudi	
10 Vendredi	St-*Germain* (T) (D).	24 Vendredi	*Saint-Germain* (T).
11 Samedi		25 Samedi	St-*Germain* (T)(G)(D)
12 Dimanche	*Mante* (T).	26 Dimanche	
13 Lundi	*Mante* (D).	27 Lundi	
14 Mardi	*Vernon-s.-Seine* (D).	28 Mardi	
		29 Mercredi	*Vincennes* (T).
		30 Jeudi	*Vincennes* (T) (O).

1379 — PAQUES, 10 avril.

JUILLET		AOUT[2]	
1 Vendredi	*Paris* (D).	1 Lundi	*Montargis* (T) (D).
2 Samedi	*Vincennes* (T) *Paris* (D).	2 Mardi	*Montargis* (T).
3 Dimanche		3 Mercredi	
4 Lundi		4 Jeudi	
5 Mardi		5 Vendredi	
6 Mercredi	*Vincennes* (T).	6 Samedi	
7 Jeudi		7 Dimanche	
8 Vendredi	*Paris* (A.O)(D).	8 Lundi	
9 Samedi	*Paris* (G).	9 Mardi	
10 Dimanche	*Vincennes* (G).	10 Mercredi	*Montargis* (T)(G).
11 Lundi		11 Jeudi	*Montargis* (T).
12 Mardi	*Beauté-s.-Marne* (D) *Paris*.	12 Vendredi	*Montargis* (T)(D).
13 Mercredi		13 Samedi	
14 Jeudi		14 Dimanche	*Montargis* (T).
15 Vendredi	*Paris*, hôtel St-Pol (D)	15 Lundi	*Montargis* (T).
16 Samedi	*Paris* (T)[1].	16 Mardi	
17 Dimanche		17 Mercredi	
18 Lundi		18 Jeudi	*Montargis* (D).
19 Mardi		19 Vendredi	*Montargis* (T).
20 Mercredi	*Vincennes* (G) (D).	20 Samedi	
21 Jeudi		21 Dimanche	
22 Vendredi		22 Lundi	
23 Samedi		23 Mardi	
24 Dimanche	*Montargis* (T).	24 Mercredi	
25 Lundi		25 Jeudi	
26 Mardi	*Montargis* (G).	26 Vendredi	*Auxerre* (T. 115 140)
27 Mercredi	*Montargis* (T).	27 Samedi	*Auxerre* (T. 115-126)
28 Jeudi		28 Dimanche	*Auxerre*.
29 Vendredi		29 Lundi	
30 Samedi	*Montargis* (D).	30 Mardi	
31 Dimanche		31 Mercredi	*Césy-sur-Yonne* (T. 115, 119 v°).

SEPTEMBRE			
1 Jeudi		17 Samedi	*Montargis* (D).
2 Vendredi		18 Dimanche	
3 Samedi		19 Lundi	*Montargis* (T).
4 Dimanche	*Sens* (T) (G).	20 Mardi	*Méry-sur-Oise* (A.O) (D).
5 Lundi	*Sens* (D).	21 Mercredi	
6 Mardi	*Sens* (T).	22 Jeudi	*Montargis* (T).
7 Mercredi		23 Vendredi	
8 Jeudi		24 Samedi	
9 Vendredi	*Montargis* (T) (O).	25 Dimanche	*Montargis* (T).
10 Samedi		26 Lundi	
11 Dimanche	*Montargis* (T).	27 Mardi	
12 Lundi		28 Mercredi	
13 Mardi	*Montargis* (O) (G).	29 Jeudi	
14 Mercredi	*Montargis* (T) (D).	30 Vendredi	
15 Jeudi			
16 Vendredi	*Montargis* (T).		

1. Vincennes (G). — 2. Auxerre, le roi en ses requêtes, t. 115. A son joyeux avènement, t. 115.

1879 — PAQUES, 10 avril.

OCTOBRE[1]

1 Samedi	*Montargis* (T).
2 Dimanche	
3 Lundi	*Montargis* (T).
4 Mardi	
5 Mercredi	
6 Jeudi	
7 Vendredi	
8 Samedi	*Montargis* (T).
9 Dimanche	
10 Lundi	
11 Mardi	
12 Mercredi	
13 Jeudi	
14 Vendredi	*Vitry - aux - Loges* (T).
15 Samedi	
16 Dimanche	*Montargis* (T).
17 Lundi	
18 Mardi	*Montargis* (G) (D).
19 Mercredi	*Montargis*.
20 Jeudi	*Montargis* (G).
21 Vendredi	*Montargis* (D).
22 Samedi	
23 Dimanche	*Montargis* (T) (G).
24 Lundi	
25 Mardi	*Montargis*.
26 Mercredi	*Montargis* (T).
27 Jeudi	
28 Vendredi	*Montargis* (T).
29 Samedi	
30 Dimanche	
31 Lundi	

NOVEMBRE

1 Mardi	
2 Mercredi	
3 Jeudi	*Montargis* (G).
4 Vendredi	*Montargis* (T).
5 Samedi	
6 Dimanche	*Montargis* (T) (O).
7 Lundi	
8 Mardi	
9 Mercredi	
10 Jeudi	
11 Vendredi	*Montargis* (G).
12 Samedi	
13 Dimanche	
14 Lundi	*Montargis* (G).
15 Mardi	*Montargis*.
16 Mercredi	
17 Jeudi	
18 Vendredi	*Montargis* (T).
19 Samedi	*Montargis* (G).
20 Dimanche	*Montargis* (A.O) (T) (O).
21 Lundi	*Montargis* (T)(O)(P) (D).
22 Mardi	*Montargis*.
23 Mercredi	*Montargis* (D).
24 Jeudi	
25 Vendredi	*Montargis* (T).
26 Samedi	*Montargis*.
27 Dimanche	
28 Lundi	
29 Mardi	
30 Mercredi	

DÉCEMBRE

1 Jeudi	
2 Vendredi	
3 Samedi	
4 Dimanche	
5 Lundi	
6 Mardi	
7 Mercredi	*Montereau-fault-Yonne* (T).
8 Jeudi	
9 Vendredi	
10 Samedi	
11 Dimanche	*Mez-le-Maréchal* (T).
12 Lundi	
13 Mardi	*Montargis* (D).
14 Mercredi	*Montargis*(T)(O)(G)(D)
15 Jeudi	*Montargis* (A.O).
16 Vendredi	
17 Samedi	
18 Dimanche	
19 Lundi	*Montargis* (T) (D).
20 Mardi	
21 Mercredi	*Montargis* (T) (O).
22 Jeudi	*Montargis* (T).
23 Vendredi	*Montargis* (A.O) (D).
24 Samedi	
25 Dimanche	
26 Lundi	
27 Mardi	
28 Mercredi	
29 Jeudi	*Montargis* (D).
30 Vendredi	*Montargis* (T).
31 Samedi	

1. Châteauneuf-sur-Loire.

1880 — PAQUES, 25 mars.

JANVIER		FÉVRIER	
1 Dimanche		1 Mercredi	*Paris* (D).
2 Lundi		2 Jeudi	
3 Mardi	*Montargis* (G).	3 Vendredi	
4 Mercredi		4 Samedi	
5 Jeudi		5 Dimanche	*Paris* (T) (O) (D).
6 Vendredi		6 Lundi	*Paris*, Louvre (T)(D).
7 Samedi	*Montargis* (T).	7 Mardi	*Paris* (T).
8 Dimanche	*Montargis* (T).	8 Mercredi	*Vincennes* (T).
9 Lundi		9 Jeudi	
10 Mardi	*Montargis* (T).	10 Vendredi	
11 Mercredi		11 Samedi	*Paris* (D).
12 Jeudi		12 Dimanche	
13 Vendredi		13 Lundi	
14 Samedi		14 Mardi	
15 Dimanche		15 Mercredi	*Paris* (T).
16 Lundi		16 Jeudi	*Paris* (T).
17 Mardi	*Paris* (A.O) (T).	17 Vendredi	
18 Mercredi		18 Samedi	
19 Jeudi		19 Dimanche	*Vincennes* (D).
20 Vendredi		20 Lundi	
21 Samedi		21 Mardi	*Paris* (T).
22 Dimanche		22 Mercredi	
23 Lundi	*Paris* (D).	23 Jeudi	*Paris* (T).
24 Mardi	*Melun* (D).	24 Vendredi	*Beauté - sur - Marne* (T).
25 Mercredi		25 Samedi	
26 Jeudi		26 Dimanche	
27 Vendredi		27 Lundi	
28 Samedi		28 Mardi	*Vincennes* (A.O) (T) (D).
29 Dimanche	*Melun* (D).	29 Mercredi	
30 Lundi			
31 Mardi	*Paris* (T).		

MARS			
1 Jeudi		16 Vendredi	*Paris* (T) (O) (I).
2 Vendredi	*Vincennes* (T).	17 Samedi	*Paris* (I) (D).
3 Samedi		18 Dimanche	*Paris*, Louvre(T)(I).
4 Dimanche		19 Lundi	*Paris* (I).
5 Lundi		20 Mardi	*Paris* (I).
6 Mardi		21 Mercredi	*Paris* (I).
7 Mercredi	*Paris* (I).	22 Jeudi	*Paris* (I).
8 Jeudi	*Paris*, (A.O) (T) (O) (I) (D).	23 Vendredi	*Paris* (I).
9 Vendredi	*Paris* (I).	24 Samedi	*Paris* (I).
10 Samedi	*Paris* (G) (I).	25 Dimanche	Pâques. *Paris* (I).
11 Dimanche	*Paris* (I).	26 Lundi	*Paris* (I).
12 Lundi	*Paris* (I).	27 Mardi	*Paris* (T)(I)(D).
13 Mardi	*Paris* (I).	28 Mercredi	*Paris* (T).
14 Mercredi	*Paris* (I).	29 Jeudi	
15 Jeudi	*Paris* (I) [1].	30 Vendredi	
		31 Samedi	*Paris* (G).

1. Beauté-sur-Marne (G).

1380 — PAQUES, 25 mars.

AVRIL		MAI	
1 Dimanche	*Paris*, en nostre Ste-Chapelle (T).	1 Mardi	
2 Lundi	*Paris* (G) (D).	2 Mercredi	
3 Mardi		3 Jeudi	
4 Mercredi	*Paris* (T).	4 Vendredi	*Vincennes* (T)(G)(D)
5 Jeudi	*Paris* (D) *Beauté-s-Marne* (T).	5 Samedi	
6 Vendredi		6 Dimanche	*Paris* (T) (G).
7 Samedi		7 Lundi	*Paris* (I) *St-Denys* (T)
8 Dimanche	*Paris* (G).	8 Mardi	*Paris* (G) (I) (D).
9 Lundi		9 Mercredi	*Paris*, St-Pol (T)(G)(I)
10 Mardi		10 Jeudi	*Paris* (T) (I).
11 Mercredi	*Beauté-s-Marne* (D) *Paris* (D).	11 Vendredi	*Paris* (I) (D).
12 Jeudi	*Paris* (D).	12 Samedi	*Paris* (T).
13 Vendredi		13 Dimanche	*Paris* (I).
14 Samedi	*Vincennes* (D).	14 Lundi	*Paris* (I) *Vincennes* (Pièces fugit.)
15 Dimanche		15 Mardi	*Paris* (T) (I).
16 Lundi	*Paris* (T).	16 Mercredi	*Paris* (I) (D).
17 Mardi	*Vincennes* (G).	17 Jeudi	*Paris* (I) *Vincennes* (T)
18 Mercredi		18 Vendredi	*Paris* (I).
19 Jeudi		19 Samedi	*Paris* (I).
20 Vendredi	*Vincennes* (O)(P).	20 Dimanche	*Paris*, St-Pol (T)(I)(D)
21 Samedi		21 Lundi	*Paris* (I).
22 Dimanche	*Paris* (G) *Vincenn.* (G)	22 Mardi	*Paris* (T) (I).
23 Lundi	*Vincennes* (O)(D) [1].	23 Mercredi	*Paris* (T) (I).
24 Mardi	*Beauté-s-Marne* (T).	24 Jeudi	*Paris* (T) (G) (I) (D).
25 Mercredi		25 Vendredi	*Paris* (I) *Saint-Maur des-Fossés* (T).
26 Jeudi	*Paris* (D) [2].	26 Samedi	*Paris* (I).
27 Vendredi		27 Dimanche	*Paris* (I).
28 Samedi		28 Lundi	*Paris* (I).
29 Dimanche		29 Mardi	*Vincennes* (I) [3].
30 Lundi	*Vincennes* (G).	30 Mercredi	
		31 Jeudi	

JUIN			
1 Vendredi	*Vincennes* (T).	16 Samedi	*Meaux* (I).
2 Samedi	*Paris* (D) *Vincennes* (T) (O).	17 Dimanche	*Meaux* (I).
3 Dimanche	*Vincennes* (T).	18 Lundi	*Meaux* (I).
4 Lundi		19 Mardi	*Château-Tierry* (T).
5 Mardi	*Beauté-s.-Marne* (T).	20 Mercredi	
6 Mercredi		21 Jeudi	*Jaulgonne* (Aisne)(T)
7 Jeudi	*Talebardon* (T).	22 Vendredi	*Jaulgonne-s.-Marne* (T).
8 Vendredi	*Crécy-en-Brie* (T).	23 Samedi	
9 Samedi		24 Dimanche	
10 Dimanche		25 Lundi	
11 Lundi		26 Mardi	*Château-Thierry* (T).
12 Mardi		27 Mercredi	
13 Mercredi		28 Jeudi	
14 Jeudi		29 Vendredi	*Reims* (T).
15 Vendredi	*Meaux* (I).	30 Samedi	*Reims*.

1. Beauté-sur-Marne (T) (O). — 2. Beauté-sur-Marne (T). — 3. Beauté-sur-Marne (T) (D).

1380 — PAQUES, 25 mars.

JUILLET[1]	
1 Dimanche	*Meaux* (T).
2 Lundi	*Vincennes* (O).
3 Mardi	
4 Mercredi	
5 Jeudi	*Vincennes* (T).
6 Vendredi	
7 Samedi	
8 Dimanche	
9 Lundi	*Vincennes*.
10 Mardi	*Vincennes*.
11 Mercredi	*Vincennes* (T).
12 Jeudi	*Paris* (T).
13 Vendredi	
14 Samedi	
15 Dimanche	*Paris* (D).
16 Lundi	*Paris* (D).
17 Mardi	*Vincennes* (T).
18 Mercredi	*Vincennes* (T).
19 Jeudi	
20 Vendredi	
21 Samedi	
22 Dimanche	'
23 Lundi	
24 Mardi	*Paris* (T).
25 Mercredi	
26 Jeudi	
27 Vendredi	*Vincennes* (T).
28 Samedi	*Paris* (T).
29 Dimanche	*Vincennes* (D).
30 Lundi	*Vincennes* (T)(O)(T).
31 Mardi	*Vincennes* (G).

AOUT	
1 Mercredi	*Paris* (T) (G).
2 Jeudi	*Vincennes*[2].
3 Vendredi	
4 Samedi	
5 Dimanche	*Paris* (T).
6 Lundi	
7 Mardi	Aux *Loges-en-Laye* (D) *St-Germain* (D)
8 Mercredi	*Saint-Germain* (D).
9 Jeudi	*Saint-Germain* (D).
10 Vendredi	*Saint-Germain* (D).
11 Samedi	*Paris* (G) (D).
12 Dimanche	*Beauté-s-Marne*(T).
13 Lundi	
14 Mardi	*Vincennes* (D).
15 Mercredi	*Vincennes* (T).
16 Jeudi	*Vincennes* (T).
17 Vendredi	*Vincennes* (T) (O).
18 Samedi	*Vincennes* (G).
19 Dimanche	
20 Lundi	
21 Mardi	*Beauté-s-Marne* (D).
22 Mercredi	
23 Jeudi	*Beauté-s-M.* (G) (D).
24 Vendredi	
25 Samedi	*Beauté-sur-Marne*.
26 Dimanche	
27 Lundi	
28 Mardi	
29 Mercredi	
30 Jeudi	
31 Vendredi	*Beauté-s-Marne* (T)

SEPTEMBRE	
1 Samedi	*Beauté-sur-Marne*.
2 Dimanche	
3 Lundi	
4 Mardi	*Beauté-s-Marne*(T).
5 Mercredi	
6 Jeudi	
7 Vendredi	
8 Samedi	*Beauté-sur-Marne* (T).
9 Dimanche	*Beauté-sur-Marne*.
10 Lundi	
11 Mardi	
12 Mercredi	
13 Jeudi	*Beauté-sur-Marne*.
14 Vendredi	
15 Samedi	
16 Dimanche	*Beauté-s-Marne* (P). Mort de Charles V.
17 Lundi	
18 Mardi	
19 Mercredi	
20 Jeudi	
21 Vendredi	
22 Samedi	*Charles VI à Melun* (I).
23 Dimanche	*Charles VI à Melun* (I).
24 Lundi	
25 Mardi	
26 Mercredi	*Saint-Denys*. Enterrement du roi Charles V.

1. Meaux. Paris. — 2. (D. Plancher, 3, L. VI).

ANGERS, IMP. BURDIN ET Cie, RUE GARNIER, 4.

www.ingramcontent.com/pod-product-compliance
Lightning Source LLC
LaVergne TN
LVHW020448230826
846091LV00004B/1605
* 9 7 8 2 0 1 6 1 2 9 3 6 4 *